CW01375735

Alva Bengt

FRIDA

und die fliegenden Zimtschnecken

Mit Illustrationen
von
Laura Rosendorfer

DRAGONFLY

Bisher bei Dragonfly erschienen:
Frida und die Blaubeersuppe (Band 1)
Frida und die fliegenden Zimtschnecken (Band 2)

2. Auflage 2022
Originalausgabe
© 2021 Dragonfly in der Verlagsgruppe
HarperCollins Deutschland GmbH, Hamburg
Alle Rechte vorbehalten

Dieses Werk wurde vermittelt durch die
Literarische Agentur Thomas Schlück GmbH, 30161 Hannover.
Einband und Illustrationen von Laura Rosendorfer
Satz: Ortrud Müller, Die Buchmacher – Atelier für Buchgestaltung, Köln
Druck und Bindung: Livonia Print, Riga
Printed in Latvia · ISBN 978-3-7488-0049-1

www.dragonfly-verlag.de
Facebook: facebook.de/dragonflyverlag
Instagram: @dragonflyverlag

1

Im ersten Kapitel geht es um viel Mehl und ein paar Tränen

Wenn ich zu Hause so ein Chaos anrichten würde, würde Mama mich erwürgen! Genau das denke ich, während ich mich in der Schulküche umsehe. Ehrlich gesagt ... ganz so wild hatte ich mir unsere Wir-backen-für-die-Weihnachtsfeier-Aktion nicht vorgestellt. Überall liegen Töpfe, Schüsseln, Ausstecher und Backutensilien herum. Zehn Kinder wuseln zwischen Arbeitsplatte und Herd hin und her. Aus dem Radio im Regal der Schulküche schallt unglaublich kitschige Weihnachtsmusik.

»Uiii, ist das schön«, schwärmt Sanne mit glänzenden Augen. »Wenn es jetzt auch noch anfängt zu schneien, platze ich vor Freude.«

Ich werfe einen Blick zum Fenster hinaus. Die Sonne scheint so strahlend vom Himmel, als wüsste sie nicht, dass heute der 12. Dezember ist. Von Schnee weit und breit keine Spur.

»Zum Glück ist damit in nächster Zeit nicht zu rechnen«, findet Jasper, der als einziger Junge bei unserer Backaktion mitmacht. Aber nur, weil seine Zwillingsschwester Kati ihn dazu überredet hat und er aufs Vogelhäuschen-bauen-für-einen-guten-Zweck noch weniger Lust hat.

Sanne macht große Augen. »Glück? Wünschst du dir etwa keine weißen Weihnachten?«

Statt Sanne zu antworten, pfeffert er einen ordentlichen Teigbatzen auf das Backpapier und beginnt ihn mit seinen Handballen zu plätten.

»Kannst du bitte den Teigroller dafür nehmen?«, fordert Ella ihn mit gerümpfter Nase auf. »Dafür ist er schließlich da.«

»Boah«, brummt Jasper genervt, »bin ich etwa freiwillig hier, oder wurde ich dazu gezwungen?«

»Was ist denn nun mit dem Schnee?«, hakt Sanne nach. »Warum magst du ihn nicht?«

Jasper grinst sie schief an. »Nix gegen Schnee, aber dass du zum Chinaböller wirst, nö, das muss echt nicht sein.«

Sanne kapiert es immer noch nicht. »Hä? Chinaböller?«

»Oh Mann, Sanne«, amüsiert sich nun selbst Ella. »Wie schwer kann man eigentlich von Begriff sein? Wir haben halt keine Lust darauf, dass du platzt, wenn es zu schneien beginnt.«

Beleidigt schiebt Sanne die Unterlippe vor. »Seid ihr blöd.«

Ich lege den Arm um sie. »Nun sei doch nicht gleich eingeschnappt, Sanne. Die machen nur Spaß.«

Es gibt kaum ein Mädchen, das ich länger kenne und lieber mag als Sanne. Nach Frida, die aber blöderweise schrecklich weit weg wohnt, ist sie meine beste Freundin. Aber manchmal blickt Sanne es einfach keinen Meter.

»Was ihr halt so unter Spaß versteht«, knurrt sie. »Und dass ihr damit die ganze schöne Weihnachtsstimmung verderbt, ist euch egal, was?«

»Bis Weihnachten ist es noch ewig lange hin«, ruft Chiara.

Sie ist gerade am anderen Tischende damit beschäftigt, kleine Plätzchen aus der Teigmasse zu formen und auf ein mit Mehl bestäubtes Backblech zu legen. Chiara sieht aus, als wäre sie dabei in einen Mehlregen geraten. Das meiste haben ihre roten Haare abbekommen, die jetzt plötzlich so frostweiß wie die von der Eiskönigin sind.

»Noch zwölf ewig lange Tage«, mault Chiara. »Und ich weiß immer noch nicht: Kriege ich nun das neue Handy oder nicht? Das macht mich verrückt ...«

»Schreib doch zur Sicherheit dem *lieben Weihnachtsmann* 'nen netten Brief«, schlägt Jasper ihr grinsend vor.

Chiara lacht. »Wenn ich noch an den Weihnachtsmann glauben würde, würde ich das glatt machen. Allerdings müsste ich dann erst einmal seine Adresse herausfinden.«

»Und wissen, wie man überhaupt einen Brief schreibt und verschickt«, neckt Jasper sie weiter. »Du tippst doch alles nur noch in dein Handy.«

Chiara streckt ihm die Zunge heraus. »Doofi. Als ob du ständig Briefe schreiben würdest. Ich schätze, du weißt noch nicht einmal, wo man die Briefmarke hinkleben muss.«

Jasper macht Augen wie Wagenräder. »Briefmarke?«, spielt er den Ahnungslosen. »Was ist eine Briefmarke?«

Wir lachen und machen mit unserer Adventsbackerei weiter.

Auch wenn Jasper natürlich nur Spaß gemacht hat: Ich bin trotzdem sicher, dass keiner meiner Mitschüler in letzter Zeit einen Brief in der Hand gehalten hat. Wer einem anderen etwas schreiben will, der verschickt eine Handynachricht oder höchstens eine E-Mail. Normalerweise mache ich das auch so. Außer ich schreibe meiner schwedischen Freundin Frida. Frida hat kein Handy (und will auch absolut keins haben, sagt sie immer), und Frida liebt es, Briefe zu schreiben. Die sind dann mindestens drei Seiten lang und mit lauter bunten Zeichnungen versehen. Der Brief selbst und auch der Umschlag. Seit dem Sommer schreibt sie mir, und seit dem Sommer bin ich deshalb auch zur fleißigen Briefeschreiberin geworden und finde es richtig schön. Auf jeden Fall erhalte ich pro Woche einen Brief von Frida, und genauso oft schreibe ich ihr auch zurück.

Trotzdem habe ich schreckliche, ganz, ganz üble Schweden-Sehnsucht. So schlimm, dass ich angefangen habe, die Tage bis zu den nächsten Sommerferien zu zählen. Aber es sind noch so unendlich viele, dass mich das Zählen und Abhaken ziemlich frustriert.

Verflixt, ich vermisse Frida. Ich vermisse ihre Oma, ich vermisse die *Wilden Hilden*, Fridas verrückte Hühner, ich vermisse den Pöl – ich vermisse Schweden.

Als hätte Sanne meine Gedanken erraten, sagt sie plötzlich: »In Schweden liegt bestimmt schon Schnee. Meterhoch. Boah, ich stelle mir das so schön vor.«

Ich nicke und fühle mich auf einmal richtig elend. »Ich mir auch ...«, murmele ich sehnsüchtig. »Wahnsinnig schön ...«

Die ganze restliche Zeit beim Backen und auch auf dem Nachhauseweg male ich mir in meinem Kopf Schweden im Winter aus. Schnee überall, geniale Schlittenberge, vereiste Seen, Lucia-Mädchen mit ihren grünen Kränzen und den weißen Kerzen auf dem Kopf, warme Zimtschnecken ...

Zu Hause werde ich schon sehnsüchtig von Oscar, meinem kleinen Jack Russell Terrier, erwartet. Kläffend springt er an mir hoch.

»Ist ja schon gut, du Verrückter«, rede ich beruhigend auf ihn ein und tätschele dabei seinen Kopf. »Wir drehen gleich 'ne große Gassirunde.« Und in Gedanken füge ich hinzu: So weit man bei einmal rund um den Stadtpark überhaupt von einer *großen Runde* reden kann.

Es ist wirklich doof, denn früher kam mir unser Stadtpark riesig vor. Aber seitdem ich mit Frida in Schweden durch die endlosen Wälder und am See entlanggelaufen bin, ist das wenige Grün in Frankfurt irgendwie noch viel weniger geworden.

Meine große Schwester Paula sitzt in der Küche am Tisch und hebt nicht einmal den Kopf, als ich eintrete.

»Hi, Paula«, begrüße ich sie und will sofort mit dem Jammern anfangen. Da stelle ich fest, dass meine Schwester so intensiv auf die Tischplatte starrt, als wäre dort etwas wahnsinnig Interessantes zu sehen. Ist aber nicht so! Es sei denn, ein verknülltes Taschentuch ist das neueste Weltwunder.

»Ist was?«, frage ich sie.

Paula hebt schwach die Schultern, und endlich kapiere ich es: Sie weint.

Mit zwei Schritten bin ich bei ihr und lege meine Hand auf Paulas Schulter. Ich ahne schon, warum sie so am Boden zerstört ist. Die Matheklausur, für die sie die letzten Tage wie verrückt gebüffelt hat, ist garantiert voll danebengegangen. Arme Paula, dabei hat sie wirklich irre viel gelernt und eigentlich auch ein richtig gutes Gefühl gehabt.

»Es ist doch nur eine einzige Klausur«, sage ich. »Die nächste wird bestimmt wieder super, und du bekommst die volle Punktzahl.«

Statt einzusehen, dass von einer verbockten Matheklausur die Welt nicht untergeht – erst recht nicht, wenn man so gut in der Schule ist wie Paula –, fängt sie nun erst so richtig zu schluchzen an. Auweia, mein Versuch, sie zu trösten, ist anscheinend ziemlich danebengegangen.

Paula sinkt mit der Stirn auf die Tischplatte und weint so herzzerreißend, dass mir automatisch auch Tränen in die Augen steigen.

»Du hast doch überhaupt keine Ahnung«, schluchzt sie. »Du ... du Kind ...«

Ähm, okay. Auch wenn sie echt Frust wegen der Mathearbeit hat, muss sie mich wirklich nicht so doof anmotzen.

»Ich wollte nur nett sein. Wobei ich sowieso nicht verstehe, warum du wegen einer einzigen verhauenen Klausur gleich so eine Weltuntergangsstimmung hast?!«

Damit will ich die Küche verlassen, um mit Oscar die versprochene Gassirunde zu drehen. Doch ich bin noch nicht mal bei der Tür angekommen, da höre ich Paula plötzlich mit dünner Stimme sagen: »Entschuldige, Leni, ich wollte dich nicht so anschnauzen. Und es ist auch nicht wegen der Klausur, die war super. Es ist wegen Tim. Er ... er hat ... Schluss gemacht.«

Und schon fängt sie wieder an zu schluchzen. So richtig verzweifelt. Blöderweise fehlen mir irgendwie die Worte. Und dazu bin ich wie gelähmt. Ich schaffe es einfach nicht, wieder zu Paula zurückzugehen und sie zu trösten. Was vor allem damit zu tun hat, dass ich noch niemals verknallt war. Außer natürlich in Oscar, meinen super süßen und frechen Hund!

Paula wiederum ist schon eine ganze Weile richtig doll in Tim verliebt – oder jetzt wohl *gewesen*. Aber meine Schwester ist ja auch schon siebzehn. Ich schätze, da ist das normal und wird mir vielleicht auch mal passieren. Wenn ich sie mir jetzt so ansehe, bin ich allerdings nicht sicher, ob ich mir wünschen soll, dass mir das jemals passiert. Also das mit dem Verlieben.

Zum Glück wird die Haustür aufgeschlossen, und im nächsten Moment steht Mama in der Küche. In der linken Hand ihre Aktentasche, in der rechten eine prall gefüllte Einkaufstüte.

»Hallo, Mädels«, ruft sie. »Könnt ihr bitte mal die anderen Einkaufstüten aus dem Auto holen?« Sie wirft einen Blick auf den kochtopffreien Herd und stöhnt genervt. »Paula, wir hatten doch besprochen, dass du schon mal die Kartoffeln aufsetzt, wenn du nach Hause kommst.«

Ich versuche, Mama ein Zeichen zu geben, doch sie nimmt mich gar nicht wahr, sie ist wie immer wahnsinnig gehetzt.

»Paula?«

Meine Schwester springt so ruckartig vom Stuhl auf, dass er hintenüberkippt und scheppernd auf den hellen Fliesenboden kracht. Bevor Mama wieder Luft bekommt und irgendetwas sagen kann, ist Paula schon aus der Küche raus. Keine Sekunde später fällt ihre Zimmertür laut ins Schloss.

»Was war das denn?«, keucht Mama und sieht mich verdutzt an. »Spinnt die jetzt total?«

Ich atme tief durch. »Tim hat Schluss gemacht. Deshalb ist sie so ... traurig.«

Mama lässt die Tüte und ihre Aktentasche zeitgleich auf den Boden sinken. »Oh nein, auch das noch«, seufzt sie. »Und ich bin so motzig zu ihr ...« Mama drückt die Schultern durch und verlässt die Küche. Kurz darauf höre ich sie leise gegen Paulas Zimmertür pochen und sagen: »Paula, Schatz, kann ich bitte reinkommen?«

Was meine Schwester darauf antwortet, kann ich nicht verstehen. Aber ich schätze, sie hat nichts dagegen, denn Mama öffnet die Tür und zieht sie kurz darauf wieder hinter sich zu.

Ich überlege, was ich tun soll. Auch zu Paula ins Zimmer gehen und versuchen, sie zu trösten? Nur ... ich kenne mich mit der Liebe wirklich nicht aus. Und deshalb weiß ich auch nicht, was ich meiner Schwester dazu sagen soll. Außerdem fällt mein Blick gerade auf die Küchenanrichte und den Brief, der dort liegt. Post von Frida!

Alles in mir jubelt, und in meinem Bauch kribbelt es wie

verrückt. Wobei … darf ich mich eigentlich freuen, wenn Paula so traurig ist? Ich glaube, ich werde Frida gleich zurückschreiben und sie nach ihrer Meinung dazu befragen. Aber zuerst muss ich natürlich lesen, was sie mir geschrieben hat.

2

In Kapitel zwei fahren wir mitten ins Winterwunderland und begegnen einem Weihnachtsengel

Manchmal ist das Leben erst grau und düster, und ein paar Tage später – *wusch!* – sieht es ganz anders aus ...

Ich weiß nicht genau, ob es an Fridas Brief liegt, den ich meinen Eltern und Paula ungefähr zehntausendmillionen Mal vorgelesen habe. In dem hat sie nämlich ganz ausführlich beschrieben, wie dick der Schnee in *Lillesund* schon liegt und dass der *Pöl*, der See in der Nähe, komplett zugefroren ist. Frida hat sogar ein Bild davon gemalt, wie die Schweden gerade ihre Häuser mit roten Kissen und ganz, ganz vielen Kerzen und diesen roten Holzpferden schmücken. Und sie hat so genau erzählt, wie sie mit Oma Inga Pfefferkuchen gebacken hat, dass ich am liebsten in den Brief gebissen hätte.

»Ich habe das Gefühl, dass es auf einmal nach Weihnachtsbäckerei duftet«, meinte Mama beim Briefvorlesen mit einem Seufzer.

»Schnee! Weiße Weihnachten.« Paula sah verträumt zum Fenster hinaus. »Das wäre mal wieder was.«

Vielleicht liegt es aber auch daran, dass Papa noch jede Menge Resturlaub hat und nach Fridas Winterwunderbrief auf einmal doch wegfahren wollte, und zwar ganz schnell. Oder an Mama, die sich ganz plötzlich nach einer *Ortsveränderung* sehnte, wie sie das nennt.

Auf jeden Fall liegt es daran, dass Fridas Oma Inga bei uns angerufen und erzählt hat, dass unser Ferienhaus vom vergangenen Sommer urplötzlich frei geworden ist. Weil nämlich die Familie, die eigentlich dort Urlaub machen wollte, Nachwuchs bekommt. Und der Mutter wohl ständig so übel ist, dass sie auf keinen Fall wegfahren will. Blöder Kackmist für die Familie, aber totales Superglück für uns!

Tja, auch wenn ich es noch immer nicht so ganz fassen kann, jetzt sind es nur noch vier Tage bis Weihnachten, und wir sind tatsächlich auf dem Weg nach Schweden.

Mama sitzt am Steuer unseres vollgepackten Autos, Papa schläft auf dem Beifahrersitz, und wir brausen durch das dick verschneite Land. Oscar sitzt auf meinem Schoß, und Paula und ich drücken uns die Nasen an den Scheiben platt.

»Wahnsinn!«, jubele ich. »Ich weiß gar nicht, wann ich das letzte Mal so viel Schnee gesehen habe. Oder wann ich Schlitten gefahren bin. Das wird so-so-so genial.«

»Aber ich weiß noch genau, wie ich letzten Winter mit Tim Schlittschuh laufen war und wie wir Händchen gehalten haben ...«, flüstert meine Schwester. Und – *zack!* – schon kullern ihr wieder dicke Tränen über die Wangen.

Oh Mann, ich glaube, ich will mich nie, nie, niemals im Leben verlieben. Das ist doch echt nicht schön. Ständig weint Paula, sie verbraucht tonnenweise Taschentücher, hört tieftraurige Musik und hat in etwa so viel Hunger wie ein Spatz. Mama fragt sie schon die ganze Zeit, ob sie sich wegen Tim jetzt einfach in Luft auflösen will.

»Bestimmt lernst du einen total coolen Schweden kennen. Und dann hast du Tim sofort vergessen, ich schwör's«, versuche ich sie zu trösten.

Großer Fehler!

»Spinnst du? So einen Mist kann nur ein Baby wie du reden, das noch nie richtig verliebt war«, pampt sie mich an. »Ich kann Tim nicht vergessen. Nie!«

Paula heult laut auf, und Oscar, der Gute, schleckt ihr hingebungsvoll die Hände ab.

»Ist was passiert?« Papa ist von Paulas Jammern aufgewacht und späht zwischen Fahrer- und Beifahrersitz nach hinten. »Alles okay, Paula? Reicht die Familienpackung Taschentücher für den Weltschmerz?«

»Haha. Sehr witzig«, knurrt meine Schwester beleidigt.

Aber so richtig sauer kann Paula auf Papa nicht sein, denn meine Eltern nehmen ziemlich viel Rücksicht auf ihren Zustand und sind echt geduldig.

Was ich von mir nicht behaupten kann. Oder nicht mehr. Mir geht die schlechte Laune und Heulsusigkeit von Paula ziemlich auf den Keks. Sobald wir in Lillesund angekommen sind, muss ich Frida dringend nach einem Rezept gegen Liebeskummer fragen. Wenn jemand helfen kann, dann sie. Da bin ich todsicher!

»Paula, Leni, sollen wir eine Pause machen?«, fragt Papa, und zu Mama gewandt: »Dann könnte ich dich auch ablösen.«

»Das wäre nett.« Mama gähnt. »Getankt habe ich gerade erst, das hast du völlig verschlafen. Ich wollte dich nicht aufwecken, aber ein Kaffee oder so was wäre genial.«

»Zimtschnecken«, rufe ich begeistert. »Bei der letzten Hinfahrt haben wir unterwegs Zimtschnecken gekauft. Die brauche ich jetzt auch. Unbedingt!«

Papa lacht. »Dann haltet mal die Augen offen, Kinder. Wir fahren jetzt durch ein paar kleine Orte. Bestimmt gibt es da irgendwo ein Café.«

Es dauert aber dann doch noch eine ganze Weile, bis wir endlich ein richtig schönes Café am Straßenrand entdecken. Natürlich im typischen Schweden-Look wie alles hier: rot gestrichen, weiße Fenster und wunderschön weihnachtlich geschmückt.

»Da! Café Nyström«, rufe ich begeistert. »Aaaanhalten!«

Mama steigt so heftig in die Eisen, dass Oscar, der zwischen Paula und mir kauert, nach vorn katapultiert wird.

»Wahuuuu!«, bellt er überrascht, aber glücklicherweise fängt Papa ihn rechtzeitig auf.

»Schatz, du fährst zwar ziemlich gelassen«, meint er lachend zu Mama, »dafür bremst du umso rasanter.«

»'tschuldigung«, murmelt Mama, während sie in den Parkplatz vor dem Café einbiegt. »Aber jetzt kann ich auch nicht mehr.«

Das Café Nyström ist genau das, was wir alle dringend brauchen. Einfach traumschön! An der Tür hängt ein Elchkopf, natürlich aus Plüsch, um sein Geweih ist eine Lichterkette geschwungen. Paula drückt die Türklinke hinunter, und ein Glöckchen ertönt.

»Jingle bells, jingle bells ...«, trällert Papa ziemlich falsch, aber bester Laune.

»Wie gemütlich.« Mama seufzt und lässt sich in ein rotweiß kariertes Sofa am Fenster plumpsen. »Ah, von so was habe ich geträumt.«

Ich finde auch, dass die weißen Möbel und der rote Weihnachtsschmuck überall echt schön aussehen. Aber noch viel mehr gefällt mir der Duft. Hmmmm ... einfach himmlisch!

Wie gut, dass die Besitzerin des Cafés Englisch spricht. So können wir problemlos bestellen. Einen ganzen Berg Zimtschnecken natürlich, außerdem empfiehlt uns die nette Frau Nyström noch ein Gebäck namens Lussekatter und ihren selbst gemachten Glögg.

»Alkohol? Für die Kinder?« Mama sieht nicht gerade begeistert aus. »Und wir müssen doch noch Auto fahren.«

Frau Nyström lacht. »Hier in Schweden gibt es überall Glühwein ohne Alkohol. Bei uns darf gar kein Alkohol auf der Straße verkauft werden. Glögg ohne Knall ist ganz normal.«

Zur Sicherheit bestellen Paula und ich auch noch eine Limonade, aber der Glögg ist so lecker und so schön heiß, dass wir ihn ganz schnell austrinken.

»Ah! Weihnachten kann kommen.« Papa leckt sich die Lippen, nachdem er drei Zimtschnecken verputzt und zwei Gläser Glögg *ohne Knall* getrunken hat.

Wir sind schon ziemlich weihnachtlich gestimmt, als wir das Café verlassen und wieder ins Auto steigen wollen. Und es soll noch besser kommen, denn plötzlich ist da ein Engel! Mitten im Ort, am helllichten Tag!

»Zwick mich mal«, raune ich Paula zu, als uns auf der anderen Straßenseite eine schmale, weiß gekleidete Gestalt mit Flügeln und einem Kranz mit vielen Kerzen auf dem Kopf entgegenkommt. Ich muss zweimal hinsehen, ob sie wirklich läuft oder über den Boden schwebt.

»Das ist eine Lucia«, wispert Mama mir zu. »Nach einem schwedischen Brauch laufen die ältesten Töchter einer Familie am 13. Dezember als Lucia verkleidet durch die Straßen und verteilen Gebäck. Aber viele tragen ihre Kostüme noch Tage später, einfach aus Spaß. Oder sie besuchen damit noch weitere arme und alte Leute.«

»Mama!« Paula staunt. »Wandelndes Schweden-Lexikon, was?«

Als hätte der Engel verstanden, dass wir über ihn sprechen, wechselt er die Straßenseite. Mit einem breiten Lächeln kommt er genau auf mich zu, drückt mir etwas in die Hand und verschwindet wieder.

»Was ist das?«, will Paula wissen. Aufgeregt schnappt sie meine Faust. »Zeig her, Leni!«

Ich öffne sie, und da liegen zwei winzige Ziegenböcke aus Stroh mit roten Bändern in meiner Handfläche.

»Bestimmt ist einer für dich und einer für mich«, erkläre ich großzügig.

Paula knufft mich in den Oberarm. »Nee, einer für dich und einer für Frida.«

Manchmal kann meine Schwester wirklich richtig nett sein.

Die ganze restliche Fahrt über bewahre ich meine beiden Ziegenböckchen in der Hand auf und halte es kaum mehr aus im Auto. Ich will endlich bei Frida ankommen!

3
Im dritten Kapitel wird erst schief gesungen und dann wird es richtig gefährlich

»Hast du was dagegen, wenn ich das Radio etwas lauter drehe?«, fragt Mama Papa.

Papa zuckt mit den Schultern, ohne dabei den Blick von der Straße abzuwenden. Inzwischen hat es nämlich angefangen zu schneien – richtig heftig. Papa hat schon ein paarmal gemeint, dass er vor lauter Flocken die Straße kaum noch sieht.

»Wenn es dich stört, dann nicht«, fügt Mama hinzu.

»Nein, mach ruhig.«

In den nächsten Minuten dröhnt nicht nur Mamas Lieblingsweihnachtslied ziemlich laut durchs Auto, auch ihr Gesang dazu ist ohrenbetäubend.

»Mamaaa«, mault Paula. »Das ist schrecklich.«

Ich mag Mama wirklich sehr, sie ist die beste Mutter, die ich mir nur wünschen kann. Aber singen, da muss ich Paula zustimmen, kann sie leider kein bisschen.

Dummerweise sieht Mama das ganz anders und beginnt nun noch lauter zu trällern: »Laaaast Christmas, I gave you my heaaaaart. But the very next daaaay you gave it awaaaay ...«

Heilige Axt, ist das grausam. Selbst Oscar schlägt sich die Pfoten auf die Ohren – okay, auf jeden Fall sieht es so aus.

»Maaamaaa!«, ruft Paula noch mal. »Hör bitte, bitte auf damit!«

Doch Mama lässt sich nicht beirren. Mir scheint, sie ist im Weihnachtsrausch.

Schließlich beugt Paula sich auf dem Rücksitz nach vorne, um Mama den Mund zuzuhalten. Lachend wehrt Mama ihre Hände ab. Oscar will auch mitmachen und rutscht mir vom Schoß, bevor ich ihn daran hindern kann.

»Oscar, nicht!«, schimpfe ich. Doch da ist Oscar schon wild kläffend zu Mama auf den Vordersitz gesprungen.

»Kinder, bitte, das ist mir jetzt doch etwas zu ...« Papa kann seine Beschwerde nicht zu Ende bringen. Stattdessen ruft er panisch: »Ahhh, was ist das? Festhalten!«

Im nächsten Moment tritt Papa mit aller Kraft das Bremspedal durch. Paula kreischt erschrocken, während sich unser Auto wie ein Karussell zu drehen beginnt.

Ich kralle mich an Papas Kopfstütze fest, höre Oscar wild kläffen und Mama irgendwas rufen, das wie *Hilfe* klingt.

Und dann passiert alles wie in Zeitlupe, wie in einem Film: Unser Wagen driftet plötzlich nach links ab, Papa brüllt noch mal »Haltet euch fest!«, dann knirscht es schrecklich, das Auto kippt ein kleines Stück zur rechten Seite und kommt damit endlich zum Stehen.

Für einen Augenblick ist es mucksmäuschenstill im Auto. Selbst Oscar hat wohl den Ernst der Lage begriffen und gibt keinen Mucks von sich.

»Wir sind in den Graben gerutscht«, keucht Papa schließlich. »Geht es euch gut? Ich meine, hat sich jemand verletzt?«

»Alles in Ordnung«, flüstert Paula.

»Bei mir auch«, sage ich leise und versuche, meine

Schwester von mir wegzudrücken, die auf mich draufgerutscht ist. »Außer einem Riesenschreck ist alles okay«, erklärt Mama.

»Gott sei Dank!« Papa atmet hörbar auf.

»Wa... was ist denn überhaupt passiert?«, krächzt Mama und versucht, sich wieder gerade hinzusetzen, denn unser Auto ist durch das Abdriften in den Graben ziemlich in Schieflage geraten.

»Ein Elch, ein ziemlich kleiner«, erklärt Papa. »Wie aus dem Nichts stand er plötzlich mitten auf der Straße.«

»Ein Elch?«, rufe ich und bekomme es sofort mit der Angst zu tun. »Hast du ihn etwa angefahren?«

Der Arme! Ich mag mich kaum nach links drehen, wo das

Tier jetzt womöglich schwer verletzt auf der Straße liegt. Wir müssen ihm helfen. Auf der Stelle.

»Nein, ich konnte noch rechtzeitig bremsen ... oder na ja, ich hab's auf jeden Fall versucht und bin dadurch im Graben gelandet. Mit dem Elch ist unser Auto aber auf jeden Fall nicht zusammengestoßen.«

»Zum Glück.« Ich atme erleichtert auf.

»Und was ist daran bitte schön Glück, wenn wir einen Unfall hatten?«, motzt Paula mich an.

»Ich meine doch nur wegen dem Elch«, verteidige ich mich.

»Hört bitte auf zu streiten«, bestimmt Mama, nun wieder mit gefasster Stimme. Dann wendet sie sich an Papa: »Was machen wir jetzt?«

Papa holt tief Luft. »Ich steige erst mal aus und checke die Lage. Dann helfe ich euch einem nach dem anderen raus. Gott sei Dank sind wir nur leicht in den Graben gerutscht. Vielleicht können wir das Auto sogar gemeinsam wieder auf die Straße zurückschieben.«

Etwas später ist es Papa tatsächlich gelungen, seine Tür aufzubekommen und aus dem Auto zu klettern. Zunächst hilft er Paula hinaus, Mama und ich schaffen es allein, als Letzter springt Oscar ins Freie.

»Kommt mal her«, fordert Papa uns mit weicher Stimme auf.

Wir rücken ganz eng zusammen, während er seine Arme um uns legt. So bleiben wir einen Moment lang stehen und sind einfach nur froh, dass uns nichts passiert ist.

»Ich fühle mich richtig elend«, meint Mama schließlich. »Wenn ich nicht so albern gesungen hätte ...«

»... wäre der Elch genauso plötzlich mitten auf der Straße aufgetaucht, Schatz«, beendet Papa ihren Satz. »Oder meinst du vielleicht, du hast ihn mit deinem *lieblichen* Gesang herbeigelockt?!«

»Quatsch«, murmelt Mama.

»Höchstwahrscheinlich hat er gedacht, Mama gibt irgendwelche Brunftgeräusche von sich, und hat auf eine schicke Elchin gehofft«, meint Paula und kann sogar schon wieder grinsen.

Mama knufft ihr gegen den Oberarm. »Hey, hey, so schrecklich singe ich nun auch wieder nicht.«

»Doch!«, rufen wir anderen gleichzeitig.

Dann lachen wir alle. Es fühlt sich wie ein Befreiungslachen an. Alles gut, niemandem ist etwas passiert, wir gackern uns den Schreck von der Seele.

»So, und jetzt kümmere ich mich mal langsam ums Auto«, beschließt Papa. Doch viel zu *kümmern* gibt es da für ihn nicht, wird uns allen schnell klar.

»Das schaffen wir nicht allein. Ich muss den Abschleppdienst verständigen, damit die unser Auto aus dem Graben ziehen«, erklärt Papa. Er kramt eine kleine gelbe Karte aus seinem Portemonnaie hervor und tippt die Nummer, die dort draufsteht, in sein Handy.

Papa spricht Englisch, sodass ich nicht jedes Wort verstehe. Doch sein Gesicht spricht Bände.

»Tja, das kann dauern«, brummt er, nachdem er das Telefonat beendet hat. »Die sind momentan im Dauereinsatz. Überall müssen irgendwelche Urlauber aus schwedischen Gräben gezogen werden. Der gute Mann vom Autoclub meinte, wir müssten uns möglicherweise auf eine Wartezeit bis zu drei Stunden einstellen.«

»Ach du meine Güte, bis dahin sind wir ja erfroren«, ruft Mama.

Papa zuckt mit den Schultern. »So schlimm wird es schon nicht werden. Wir haben ja genug warme Anziehsachen dabei, und in der Thermoskanne ist auch noch warmer Tee, oder?«

Mama nickt. Dennoch sieht sie alles andere als begeistert aus. »Und das so kurz vorm Ziel …«

»Wie weit ist es denn noch?«, fragt Paula.

»Knapp zwei Kilometer bis Lillesund«, erwidert Papa und schüttelt ärgerlich den Kopf. »Konnte dieser doofe Elch nicht ein paar Sekunden später auf die Idee kommen, die Straße zu überqueren?«

»Sagt mal, müssen wir unbedingt alle hier warten?«, fragt Paula weiter.

Papa guckt sie mit hochgezogenen Augenbrauen an. »Verstehe, ihr wollt mich hier ganz alleine im Schnee zurücklassen, was?« Doch dann grinst er. »Natürlich müssen wir das nicht, Paula, da hast du absolut recht. Zumal der Weg wirklich leicht zu finden ist, immer nur geradeaus. Also marschiert ruhig schon los.«

Mama sieht Papa skeptisch an. »Ist dir das wirklich recht?«

»Absolut!«, versichert Papa und zwinkert Mama zu. »Dann habe ich den Tee wenigstens für mich alleine.«

Als wir uns kurz darauf auf den Weg machen, tut mir Papa dann aber doch ein bisschen leid. Einsam und verlassen steht er am Straßenrand neben unserem Auto, das mit den rechten Reifen in den Graben gerutscht ist.

»Armer Papa«, murmele ich mitleidig. Aber gleichzeitig weiß ich, dass ich mit jedem Schritt, den ich mache, dem Wiedersehen mit Frida näher komme. Und das ist einfach nur knallschön!

4

Im vierten Kapitel erwartet mich eine tolle Überraschung, für die ich ziemlich weit laufe

Wir sind noch nicht allzu weit vorangekommen, da entdecken wir eine schmale Brücke, die über den Graben führt.

»Lasst uns lieber von der Straße weg und dort am Feld weitergehen«, schlägt Mama vor. »So wie uns kann es schließlich auch anderen Autofahrern ergehen.«

Also tapern wir vorsichtig hintereinander über die schneebedeckte Brücke hinweg. Doch nach wenigen Metern wird uns klar, dass das nicht die allerbeste Idee war. Jetzt sind wir zwar vor allen Autos in Sicherheit, aber der Schnee liegt hier so hoch, dass das Gehen total anstrengend ist.

»Wie weit ist es denn noch?«, keucht Paula.

Mama zuckt mit den Schultern. »Ein paar Meter sind es schon noch ...«

»Boah, der Urlaub fängt ja megagut an«, knurrt meine Schwester schlecht gelaunt. »Ich wünschte, ich wäre einfach zu Hause geblieben.«

Ich kann nur den Kopf über Paula schütteln, blöder Liebeskummer hin oder her. »Jetzt sei doch nicht gleich wieder so motzig. Mit Absicht ist Papa bestimmt nicht in den Graben gerutscht.«

»Habe ich auch nicht behauptet, Leni«, ätzt sie.

»Mädels, hört auf zu streiten.« Mama streckt beide Arme zur Seite aus. »Schaut euch lieber mal um, wie wunderschön es hier ist.«

Mama hat recht, und würde mir der Schreck wegen dem doofen Unfall nicht noch so tief in den Knochen sitzen, käme ich mit Sicherheit aus dem Schwärmen gar nicht mehr raus. Die Landschaft ist dick verschneit, die Bäume tragen lustige Pudelmützen, und die letzten Sonnenstrahlen bringen alles zum Glitzern. Winterwunderland.

»Ja, wirklich schön«, sage ich leise.

Paula hakt sich bei mir unter. »Sorry, wollte nicht gleich so doof zu dir sein. Aber der Unfall …«

Sie redet nicht weiter. Muss sie auch nicht, denn ich weiß genau, wie sie sich gerade fühlt.

Mama kommt an meine andere Seite und hakt mich ebenfalls unter. So marschieren wir durch den hohen Schnee und geraten dabei einige Male bedrohlich ins Schwanken, was ziemlich lustig ist. Und auch, dass Oscar ständig komplett im Schnee verschwindet und mit einem Hasensprung wieder aus dem glitzernden Weiß auftaucht.

Irgendwann fängt Paula sogar zu trällern an: »Glockenklang aus der Ferne, über uns leuchten Sterne, kein Mensch weit und breit, nur wir sind zu zweit, wandern durch den weißen Winterwald ...«

Paulas Wangen glühen, ihre Augen leuchten. Ich zwinkere Mama zu, und die zwinkert zurück. Und endlich fällt auch der letzte Rest des Schreckens von mir ab, und ich meine, dass es Mama und Paula genauso geht.

»Sagt mal, ist das da vorn nicht unser Haus?«, rufe ich kurz darauf und bin plötzlich ganz aufgeregt. »Mit der Schweden-Flagge am Mast. Also das, in dem von oben bis unten Licht brennt?«

Paula reckt den Hals. In den letzten Ferien war sie nicht dabei, deshalb kennt sie das Haus am Pöl gar nicht.

»Kann nicht sein.« Mama schüttelt den Kopf. »Die Vermieter lassen bestimmt nicht alle Lichter an. Eins vielleicht ... zur Orientierung ... aber doch nicht alle!?«

»Sieht nach Festbeleuchtung aus«, meint Paula. »Vielleicht gibt es einen Weihnachtsempfang.«

Kaum hat meine Schwester das Wort ausgesprochen, macht es *pling!* in meinem Kopf, und ich habe einen irren Gedankenblitz. In meiner Faust halte ich schon die ganze Zeit über die die kleinen Ziegenböcke der netten Lucia, von denen ich Frida einen schenken will. Ruckartig löse ich mich von Mama und Paula und kämpfe mich so schnell wie möglich vorwärts. Oscar hüpft begeistert neben mir her. Ich renne so schnell, wie der hohe Schnee es zulässt, denn in meinem Bauch breitet sich ein ganz verrücktes, kribbeliges, wohliges Frida-wartet-schon-Gefühl aus. Das wäre so-so-so typisch für meine beste Freundin. Und einfach nuuuuuur genial!

»Leni! Leni, warte doch«, rufen Mama und Paula hinter mir her. Aber auf so was kann ich jetzt keine Rücksicht nehmen.

Ich biege von dem hochverschneiten Pfad ab, laufe die von Birken gesäumte Einfahrt runter und stoppe überrascht. Vor der Tür und glücklicherweise noch in einiger Entfernung steht nämlich ... ein Elch. Ein noch ziemlich junger Elch, denn von einem Referat in der Schule weiß ich, dass ausgewachsene Elche mächtig groß sind. Der hier ist aber noch klein und hat überhaupt keine Hörner. Vielleicht ein Baby-Elch?

»Was ... was ...«, stammele ich total perplex, »... machst du denn hier?«

Er guckt mich mit großen braunen Augen an. Wenn mich nicht alles täuscht, zwinkert er mir sogar zu.

Vielleicht ist es der Elch, der uns vors Auto gelaufen ist? Womöglich hat er genauso einen Schock davongetragen wie wir? Deshalb ist er dann planlos durch die Gegend gelaufen und zufällig bei unserem Ferienhaus gelandet. Hm ... oder geht gerade meine Fantasie mit mir durch?

Ich kann den Elch nicht mehr danach fragen, denn jetzt trottet er davon. Außerdem spreche ich auch gar kein Elchisch. Verrückter Gedanke. Echt!

Ich schüttele den Kopf über mich selbst, da ruft plötzlich jemand: »Hej, hej, Semmel, das wird aber auch längste

Zeit, dass du endlich kommst. Wenn ich richtig nachsehe, ist mir bestimmt schon ein Bart gewachsen. Wie einem alten Troll.«

Die Stimme kommt von oben, aus einem der Fenster im Haus, und ich brauche gar nicht hochzuschauen, wer da spricht.

Ich weiß es längst.

»Friiiiiiida«, jubele ich.

»Wau-wahuuuu-wau«, bellt Oscar.

»Ach, der Hühneranfresser ist auch wieder dabei«, kreischt Frida noch, dann schlägt sie das Fenster zu. Ich nehme an, dass sie den Elch von oben nicht sehen konnte, aber das muss ich ihr unbedingt sofort erzählen.

Mit großen Sätzen springe ich die Stufen zum Haus hoch.

Als ich die Tür aufreißen will, wird sie von innen geöffnet. Oma Inga steht vor mir, und mit ihr schwappt eine fette Ladung leckeren Plätzchen-Dufts ins Freie.

»Oma Inga!«

»Leni! Oscar!«

Oma Inga drückt mich an ihren runden Bauch und wuschelt mir durch die Haare. Normalerweise finde ich es total doof, wenn das einer bei mir macht, ich bin ja kein Baby mehr. Aber bei Oma Inga ist es einfach nur schön. Vor allem, weil sie so gut riecht! Nach Vanille und Honig und

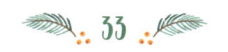

Zimt und ... echt zum Reinbeißen. Nebenbei knuddelt sie auch noch meinen Hund, der sie offensichtlich sofort wiedererkannt hat.

»Weg da, Oma, das ist meine Brustfreundin«, höre ich Frida rufen, und dann liegen wir uns auch schon im Arm.

Ich bin ziemlich froh, dass Frida sich wirklich kein allerkleinstes bisschen verändert hat. Zumindest nicht äußerlich. Ihre Haare hat sie zu kleinen Knubbeln rechts und links über den Ohren gesteckt. Sie trägt einen hellbraunen Pullover, von dem ein Elch mit Nikolausmütze grinst. Dazu knallrote Leggins und dicke Flauschpantoffeln. Typisch Frida eben.

»Schau mal, ich hab dir was mitgebracht.« Ich strecke die Faust aus, die Frida neugierig öffnet. Die beiden Ziegenböcke liegen darin. »Einer für dich, einer für mich.«

Frida lächelt. »Danke, Leni. Die heben wir für einen ganz besonderen Weihnachtsbaum auf, ja?«

»Wenn du möchtest. Das heißt übrigens Busenfreundin, nicht Brustfreundin, du Doofi«, korrigiere ich Frida zum Spaß.

»Quatsch mit Blaubeersoße«, meint Frida. »Das heißt Brustfreundin. Das Wort habe ich gerade neu gemacht, also gibt es das auch.«

Ich grinse bestimmt wie ein Honigkuchenpferd. Nie im Leben würde ich Frida ernsthaft für ihre lustigen Wörter kritisieren. Das habe ich nur ganz am Anfang gemacht, damals, als wir noch nicht die dicksten Freundinnen waren.

Was aber blöd von mir war, ein bisschen angebermäßig. Deshalb habe ich das später ganz schnell gelassen. Von ihrem deutschen Papa hat Frida unsere Sprache nämlich ziemlich perfekt gelernt … bis auf ein paar lustige Redewendungen, die sie einfach immer falsch macht. Aber erst dann hören sie sich richtig an. Eben echte und wunderbarwunderliche Frida-Wörter!

»Wie seid ihr eigentlich ins Haus gekommen? Und was macht ihr überhaupt hier?«, frage ich Frida und Oma nach der ersten großen Wiedersehensfreude.

»Das soll Frida erzählen, ich muss schnell in die Küche, nach den Pfefferkuchen sehen. Sonst verbrennen sie.« Eilig verschwindet Oma Inga zurück in unser Ferienhaus, das sie wohl gerade zu ihrem Haus gemacht hat.

Mein Blick fällt auf den kleinen Weihnachtsbaum, der direkt neben der Tür steht. Ganz und gar mit roten Schleifen geschmückt und kleinen Keksmännchen und vielen Kerzen. Und ich meine damit echte Kerzen! Sie brennen mitten am Tag vor sich hin, wobei es schon langsam dunkel wird, das merke sogar ich.

Mama hat mir erzählt, dass es an den Wintertagen in Schweden ziemlich schnell dunkel wird. Erst habe ich mir ein bisschen Sorgen gemacht, weil man da vielleicht nicht so viel unternehmen kann. Aber jetzt finde ich es einfach nur gemütlich und genau so, wie man sich eben die Weihnachtszeit eigentlich vorstellt.

Frida hat sich zu Oscar runtergebeugt und streichelt ihn liebevoll, während sie sagt: »Das war ganz leicht. Der Schlüssel lag wie immer unter der Fußmatte. Eigentlich wollten wir heute Morgen nur mal sehen, ob ihr schon da seid. Aber weil hier noch gar keine Weihnachtlichkeit war, haben wir einfach eine gemacht. Los, du lahme Kartoffel, komm mit ins Haus.«

5
Es ist der erste Winterferientag in Schweden und in Kapitel fünf passiert so viel, dass ich es kaum fassen kann

So schnell wie heute habe ich mir noch nie die Schuhe ausgezogen. Ich pfeffere sie in die Diele unseres Ferienhäuschens und folge Frida von dort aus ins Wohnzimmer mit den riesigen Glastüren.

»Die Kerzen hat Oma hingestellt, die Verschmückerung ist von mir.« Mit ausgestrecktem Arm dreht sich Frida einmal im Kreis.

Ich staune Bauklötze. Die vielen Windlichter sehen wirklich gemütlich aus, auch die roten und grünen Kissen. Allerdings hat Frida über jede Lampe, jeden Bilderrahmen, an Stuhllehnen, über den Fernseher und die Stereoanlage so viel Lametta geworfen, dass man damit den gesamten Frankfurter Weihnachtsmarkt schmücken könnte.

»Wow, Frida, das ist total schön«, sage ich. »Ich bin nur … ein bisschen gespannt, was Mama dazu sagt, wenn sie … das sieht?!« Insgeheim füge ich hinzu: Und wie Papa das Lametta-

Chaos wohl findet, er ist doch immer so superordentlich … aber das sage ich lieber nicht laut.

In diesem Moment stapfen Mama und Paula ins Wohnzimmer. Ohne Schuhe, aber immer noch mit dicken Winterjacken, Mützen und Handschuhen.

»Oh, mein Gott, bin ich froh. Frida! Du bist es.« Mama keucht vor Anstrengung. »Wir dachten schon … dass da Einbrecher … und dann war Leni weg und …«

Meine Schwester sieht ein bisschen erschrocken aus, weil sie wohl nicht mit Besuch gerechnet hat.

Aber Frida läuft sofort auf Mama zu, drückt ihr die Hand und meint: »Tag, Leni-Mama. Wir haben alles für euch fertig gemacht.« Und zu Paula gewandt: »Hej, hej, ich bin Frida. Und wer du bist, das weiß ich längst. Leni hat mir natürlich alles geschrieben. Dieser Tim ist ja echt nicht ganz klar in den Locken, denn so übel siehst du nicht aus. Vergiss den Blödkerl.« Sie macht eine Geste, als würde sie eine lästige Fliege abwehren. »Du musst dir keine Sorgen machen, dass du keinen Freund mehr abkriegst. Mein Cousin Kimi ist hübsch und nett und wohnt hier direkt um die Ecke. Und sein Freund Levin ist der Mädchen-Umschwärmer in ganz Lillesund, der kommt bestimmt bald mal hier vorbei.«

Meine Schwester steht wie vom Donner gerührt da und kriegt keinen Ton raus. Dabei sieht sie mich mit so einem komischen Blick an, bei dem ich mir nicht ganz sicher bin, ob sie mich gleich anstrahlt oder mich lieber erwürgen möchte.

»Marie, wie schön, dich zu sehen.« Oma Inga kommt mit einem Tablett mit Teebechern und frisch gebackenen Keksen ins Wohnzimmer. »Und du musst Paula sein. Setzt euch doch erst mal hin, erholt euch von der langen Fahrt und trinkt etwas. Dann geht es euch sicher gleich besser.« Sie sieht sich um. »Und wo ist Karl?«

»Der wartet noch auf den Abschleppdienst«, sagt Mama.

»Abschleppdienst? Seid ihr etwa unterwegs liegen geblieben?«, fragt Oma Inga.

Mama schüttelt den Kopf. »Wir sind in den Graben gerutscht, als plötzlich ein Elch vor uns auf der Straße aufgetaucht ist.«

»Was?«, ruft Frida erschrocken. »Und warum sagst du nichts davon, Leni?«

Ich zucke mit den Schultern. »Ich ... ich weiß auch nicht, es war eben gerade alles so ... na ja ... aufregend. Unser Wiedersehen und wie schön du und Oma Inga das Haus geschmückt habt und all das ...«

In Gedanken füge ich noch meine Begegnung mit dem Elch hinzu. Keine Ahnung, warum ich den anderen davon nichts erzähle. Vielleicht, weil eh schon alles so viel ist. Womöglich habe ich mir den Elch nur eingebildet? Nein, Quatsch. Er war da. Eindeutig!

Und dann muss Mama Oma Inga die Geschichte von unserem Unfall ganz genau erzählen. Wie auf ein geheimes Kommando hin verziehen Frida, Oscar und ich uns in mein Zimmer, wo wir dann erst mal quatschen, quatschen und noch mehr quatschen. So lange, bis ich eine Stimme unten im Flur höre.

»Endlich, Papa ist da«, freue ich mich und flitze los.

Papa ist ziemlich verfroren, aber zum Glück ist er eher gerührt, wie schön Frida und Oma Inga alles für uns hergerichtet haben.

»Jetzt können wir anfangen, unsere Ferien zu genießen und uns endlich auf Weihnachten zu freuen«, meint er, lässt sich in den gemütlichen Lesesessel direkt vorm Kamin sinken und strahlt Oma Inga dankbar an, als sie ihm einen Becher mit warmem Tee reicht.

Wir sitzen noch eine ganze Weile lang alle zusammen in unserem weihnachtlich gemütlichen Wohnzimmer, trinken Tee und essen leckere Kekse. Es ist einfach zu schön, sogar noch schöner, als ich es mir vorgestellt habe.

Paula amüsiert sich immer wieder über Fridas typische Wortverdrehungen, die Mama, Papa und ich schon gewohnt sind. Sie kommt mir so fröhlich und gut gelaunt vor wie seit einer halben Ewigkeit nicht mehr ... oder zumindest seitdem diese Knallschote Tim mit ihr Schluss gemacht hat.

Irgendwann meint Papa, wir sollten endlich unser Auto ausladen. »Ich kann mich zwar auch kaum aufraffen, noch mal raus in die Kälte zu gehen, aber später in einen gefrorenen Schlafanzug steigen, darauf habe ich noch weniger Lust«, sagt er augenzwinkernd in die Runde.

Oma Inga erhebt sich sofort und nickt Frida auffordernd zu. »Und für uns ist es jetzt auch allmählich Zeit, Frida.«

»Was? Aber warum denn? Wir haben uns doch erst so kurz gesehen. Und das nach viel zu langer Nichtsehzeit.« Frida schüttelt verständnislos den Kopf.

»Kann Frida nicht hier schlafen?«, schlage ich spontan vor.

Mama hebt die Schultern. »Von mir aus gerne.«

»Juhuuuu«, jubele ich, aber zu früh. Denn leider, leider ist Oma Inga nicht so begeistert von meinem Vorschlag.

»Eigentlich wollte Frida mir noch zu Hause beim Backen helfen.«

Frida legt die Hände aneinander und schenkt Oma Inga einen treuherzigen Blick. »Und wenn ich morgen gleich ganz früh zu dir komme, wäre das nicht auch noch gut zum Backen?«

»Ich begleite Frida und helfe auch!«, versichere ich mit demselben Bettelblick.

Lachend gibt sich Oma Inga geschlagen. »Was soll ich da noch sagen ... außer vielleicht, dass du ja überhaupt keine Schlafsachen dabeihast.«

»Kriegt sie alles von mir!«, rufe ich und springe auch schon auf. »Komm, Frida, wir holen mein Zeug aus dem Auto.« Bloß schnell weg, bevor es sich einer von den Erwachsenen doch noch anders überlegt.

Mit vereinten Kräften tragen wir die Koffer, Taschen und ein paar Kisten mit Lebensmitteln ins Haus. Ich finde es ziemlich aufregend, denn unter dem ganz normalen Gepäck müssen auch irgendwo die Weihnachtsgeschenke sein.

»Ich bin so gespannt, was ich kriege«, raune ich Frida zu, als wir mit vereinten Kräften eine ganz besonders schwere Sporttasche hineintragen.

»Bestimmt Steine«, gibt Frida ungerührt zurück. »So schwer, wie wir hier schleppen.«

Als endlich alles hineingewuchtet und in die verschiedenen Zimmer verteilt ist, hat Papa noch eine Bitte an Paula.

»Könntest du wohl noch ein bisschen Holz aus dem Schuppen holen? Was hier neben dem Kamin liegt, wird nicht für den ganzen Abend reichen.«

Schlagartig ist es mit Paulas guter Laune wieder vorbei.

»Und warum muss ich Holz holen? Du kannst doch genauso gehen!«, beschwert sie sich.

Papa bekommt eine steile Falte zwischen den Augenbrauen, und will auch gerade etwas sagen, doch Frida ist schneller.

»Leni und ich gehen, Leni-Papa. Lass mal Paula noch ein bisschen auskurieren.«

Mama und Papa schmunzeln, während Paula knallrot anläuft und in ihr Zimmer rennt.

»Los, Oscar, wir gehen raus«, rufe ich meinem Hund zu.

Oscar will natürlich sofort mitkommen, aber Mama ist dagegen.

»Lass den müden Kerl hier bei uns, Leni. Er bekommt jetzt erst mal was zu fressen und vor allem zu trinken, das ist heute noch ein bisschen zu kurz gekommen. Oscar war so brav während der Fahrt, da habe ich etwas ganz Feines für ihn. Komm, mein Kleiner.«

Mein Hund wedelt wie verrückt und tappt meiner Mutter mit hocherhobenem Kopf hinterher. Mich würdigt er keines Blickes mehr. Verräter!

Auf dem Weg zum großen Schuppen lege ich meine Hand auf Fridas Arm.

»Du, Frida, ich glaube, es ist besser, wenn du Paula nicht ständig auf ihren Liebeskummer ansprichst. Sonst wird das niemals wieder gut. Mama sagt, sie muss darüber hinwegkommen, und das geht wahrscheinlich am besten, wenn man es einfach vergisst.«

Frida zieht die Schuppentür, die nur angelehnt war, weit auf und sagt dabei: »Hm ... vergessen mag auch gehen, aber noch besser sind da fliegende ...« Mitten im Satz stoppt sie und guckt mich mit großen Augen an.

»Was ist denn?«, frage ich. Ist sie etwa beleidigt?

Fridas Stimme ist nur noch ein Hauch. »Im Schuppen steht ein Elch!«

6
Bestimmt ist es kein Zufall, dass Frida und ich uns in Kapitel sechs wieder um ein krankes Tier kümmern müssen

Als ich den Elch vor dem Haus zum ersten Mal gesehen habe, war ich schon ziemlich überrascht. Aber jetzt, hier, mitten im Schuppen ... das ist absolut unglaublich!

»Was macht der da?«, flüstere ich Frida zu.

»Er steht und steckt seinen Kopf in einen Eimer«, antwortet Frida.

»Ja, das sehe ich auch«, gebe ich zurück. »Aber was macht er im *Schuppen*?«

Frida zuckt mit den Schultern. »Hab ich doch schon gesagt! Er steht und frisst irgendwas ... Ah, jetzt guckt er zu uns. Vorsicht!« Sie schiebt mich etwas unsanft aus der Türöffnung, um sie möglich schnell schließen zu können. »Wir müssen erst mal sehen, ob er gefährlich ist.«

»Gefährlich?« Ich mustere den Elch genau. »Ich finde nicht, dass er besonders gefährlich aussieht. Eher ... verschüchtert. Und es ist sicher auch ein Baby-Elch.«

»Wie kommst du denn darauf, Semmel?« Frida sieht mich an, als hätte ich nicht alle Tassen im Schrank.

»Na ... er hat kein Geweih«, antworte ich.

»Ts, ts, ts. Du musst wirklich noch viele lange Urlaube in Schweden verbringen, Leni.« Frida wirft mir einen mitleidigen Blick zu. »Im Winter schmeißen alle Elche ihre Geweihe weg.«

»Sie ... schmeißen sie ... weg?« Über diese Vorstellung muss ich so kichern, dass ich ein Stückchen von der Tür weggehe, um den Elch nicht zu erschrecken. »Frida, ich stelle mir gerade vor, wie sich die Elche beim ersten Schneefall ihr Geweih vom Kopf reißen, den Mülleimer aufmachen und das Ding da reinstopfen.« Ich pruste vor lauter Lachen. »Sie schmeißen ihre Geweihe weg, na klar!«

Frida stemmt die Hände in die Hüften. »Also gut, Frau Schlaumüller, wie heißt es denn dann? Nicht wegschmeißen, sondern ...?«

»... sondern abwerfen. Ist aber auch ein Wort, das selten gebraucht wird«, gebe ich kleinlaut zu. »Bist du mir böse, weil ich so lachen musste?«

Frida zieht eine Grimasse. »Ich warte doch nicht tausend Jahre, bis du wieder da bist, um dann gleich sauer zu sein. Außerdem müssen wir uns jetzt um den armen Elch verkümmern. Den hat bestimmt ein richtig gemeiner Hunger hierhergeführt.«

Ich schätze, damit hat Frida recht. Immerhin hat es ununterbrochen geschneit, und ich kann mir vorstellen, dass es dann schwer ist, was zu fressen zu finden. Selbst wenn man ein Elch ist und an viel Schnee gewöhnt.

Vorsichtig schleichen wir wieder zur Schuppentür, öffnen sie erneut und pirschen uns behutsam hinein. Doch von dem Elch ist nichts mehr zu sehen. Er ist einfach verschwunden!

»Schau mal, Leni, der hat einen ganzen Berg Äpfel gefuttert.«

Frida deutet auf den halb leeren Eimer, neben dem noch einige volle stehen. Äpfel für eine ganze Schulklasse, ach was, eine ganze Schule. Allerdings ganz schön verschrumpelt und matschig. Igitt!

Dann stimmt das also wirklich, dass der Elch einfach nur Kohldampf hatte. Doch mich wundert was anderes.

»Wo ist er denn hin?« Ich drehe mich einmal im Kreis. »Wir waren doch die ganze Zeit an der Tür. In Luft kann er sich wohl kaum aufgelöst haben, oder?«

Frida hält den Zeigefinger an den Mund. »Pssst, Leni, sei doch nicht so laut. Schau mal, dort hinten in der Box. Ich glaube, da ist er ...«

Der Schuppen unseres Ferienhauses ist ziemlich groß, und offensichtlich haben die Leute hier früher auch mal Tiere gehalten. Es gibt nämlich zwei Boxen. In der vorderen lagert jetzt das trockene Holz für den Kamin, weiter hinten erkenne ich eine zweite Box. Dazwischen stehen lauter Eimer mit Obst, das nicht mehr so lecker aussieht. Wenn ich ehrlich bin, stinkt es sogar ein bisschen merkwürdig ... so ... verschimmelt oder so.

Mit vorsichtigen Schritten husche ich an den Eimern, am Kaminholz, einem klapprigen Schrank, einer Truhe und einigen großen Strohballen vorbei ... und tatsächlich, Frida hatte recht. Hierhin hat sich der kleine Elch also verzogen.

»Er schläft, Frida. Wie süß ist das denn? Der hat sich den Bauch vollgeschlagen, und jetzt macht er erst mal ein Verdauungsnickerchen.«

Frida schüttelt den Kopf. »Nee, er hat die Augen offen.« Sie beugt sich möglichst nahe über den Rand der Box. »Ich finde, seine Augen sind ziemlich gläsich.«

»Glasige Augen?« Ich überlege. »Mama sagt, dass die darauf hindeuten, dass jemand krank ist.« Ich sehe Frida an. »Wenn ich krank bin, dann misst Mama immer sofort Fieber. Aber wo steckt man einem Elch ein Fieberthermometer hin ... Also, ich meine ... der hat ja keine Achseln. Und in den Mund geht ja wohl nicht.« Ich will lieber nicht laut überlegen, ob man Fieberthermometer auch in Elchpos stecken könnte.

»Das glaube ich nicht, also, dass er krank ist. Der hat sich einfach nur überfressen.« Frida legt den Kopf schief und sieht den Elch an. Das Tier rührt sich nicht vom Fleck, zittert aber ein bisschen und sieht irgendwie verwirrt aus. »Das ist ein überfressener Elch, das erkenne ich sofort. Dafür brauche ich kein Fiebermessdings oder so was.« Sie schleicht auf Zehenspitzen zu ihm.

»Frida«, flüstere ich, »lass das lieber. Was ist, wenn der Elch dich angreift und auffressen will oder sonst was ...?«

In dem Moment, in dem ich es gesagt habe, fällt mir selbst auf, wie bescheuert das ist. Elche sind Vegetarier! Also zumindest hat das Leon aus meiner Klasse in seinem Referat gesagt ... hm, aber der nimmt es nie so genau mit seiner Vorbereitung. Und außerdem könnte der Elch nicht nur mir, sondern auch meiner Freundin etwas tun. Deshalb folge ich Frida vorsichtig, um sie im Fall des Falles zurückziehen zu können.

Zum Glück kommt es dazu nicht. Der Elch ist so lieb wie ein kleines Lamm. Sein Kopf wackelt ein bisschen merkwürdig hin und her, als Frida ihn behutsam streichelt.

»Komm her, Leni. Der fühlt sich wie meine Haarbürste an. Nicht wirklich weich, aber irgendwie so ... na ja, fühl mal selbst.« Frida strahlt mich an. »Weißt du, ich habe noch nie einen Elch gestreichelt.«

»Ich auch nicht«, flüstere ich und kraule den Elch ganz sachte am Bauch.

Uuuuuah! Uuuuah!

Der Elch gibt ein paar merkwürdige Laute von sich, bevor er seinen Kopf auf den Boden legt.

»Er hört sich irgendwie bedrücklich an«, findet Frida. »Als ob ihm was zwackt.«

In diesem Moment hebt der Elch seinen Kopf noch einmal und ...

Örps! Örps! Örps!!!

Frida und ich gucken uns verdattert an, doch dann müssen wir beide lauthals lachen. Der Elch hat gerade gerülpst! Dreimal hintereinander. Wie verrückt ist das denn?!

Nun ist sich Frida noch sicherer. »Ein Elch, der rülpst, ist satt!«, meint sie und mustert das Tier dabei fachmännisch. »Übersatt. Und darum muss er jetzt auch pausierlichen. Ist doch klar.«

Ich kenne mich nicht so gut mit Elchen aus, aber ich schätze, Frida hat recht. Bei Elchen ist das bestimmt genauso wie bei Menschen ... also mit dem Rülpsen.

»Wie gut, dass wir beide die besten Tierauskennerinnen von Mälmö bis Umeå sind«, stellt Frida fest. »Das haben wir ja schon bei unserem Enterich Knut bewiesen.«

Knut! Jetzt fällt mir wieder ein, was ich Frida schon die ganze Zeit fragen wollte.

»Wie geht es Knut? Und wo ist er?«

Frida seufzt. »Er ist von uns gegangen.«

»Tot?« Ich muss schlucken; plötzlich ist mir ein bisschen übel. »Aber woran ist er gestorben?«

Frida tippt sich an die Stirn. »Wer sagt denn was von sterben?«

»Na, du hast doch gesagt ... Knut ist von uns gegangen.«

Ich sehe sie hilflos an.

Frida lächelt. »Weg ist er. Mit einer hübschen Entendame. Er hat sie irgendwann aufgelöffelt und ... *wusch!* ... sich nur noch um sie gekümmert.«

Ich runzele die Stirn, weil ich so doll überlegen muss, was sie mit *aufgelöffelt* meint. Erst nach vielen Nachdenksekunden fällt mir ein, dass es natürlich *aufgegabelt* heißen soll.

»Puh, da bin ich aber froh. Also ... nicht, dass er weg ist, sondern dass Knut verliebt ist«, stammele ich.

»Genau.« Frida steht auf, verschränkt die Hände auf dem Rücken und stolziert nachdenklich durch den Schuppen. »Wir müssen jetzt überlegen, was wir mit dem Elch machen. Er hat sich in den Schuppen einquartiert. Er schläft. Er rülpst und hat dazu glasige Augen. Er braucht also Ruhe.«

»Sollen wir vielleicht meinen Eltern von ihm erzählen?«, überlege ich laut. Doch dann winke ich sofort selber ab. »Papa ist gerade nicht so gut auf Elche zu sprechen, glaube ich. Womöglich verjagt er ihn dann direkt.«

Frida stemmt die Hände in die Seiten. »Nö! Das können wir nicht zulassen!«, findet sie. »Wir sorgen dafür, dass er seinen Rülpsbauch ausschlafen kann. Ohne verjagt zu werden. Das ist unsere Elchpflegerinnen-Pflicht!«

»Und wenn er wach wird und wieder Hunger hat, sind ja noch jede Menge Äpfel da. Wasser können wir ihm auch noch in einem der Eimer anschleppen«, schlage ich vor.

Frida nickt. Doch dann fällt ihr noch etwas ein. »Und was machen wir, wenn deine Eltern das nächste Mal Kaminholz holen?«

»Die wollen doch endlich mal faul sein«, erkläre ich meiner Freundin. »Und bevor Paula freiwillig zum Holzholen geht, muss schon was passieren. Wenn ich ihnen vorschlage, dass wir ab jetzt immer das Kaminholz holen, kriegen die sich nicht mehr ein vor Glück.«

Ich halte ihr die Hand zum Abklatschen hin. Frida kapiert sofort und schlägt ein.

»Gemeinsam sorgen wir dafür, dass der Elch satt und ausgeschlafen ist.« Frida lacht. »Ich und du, Leni. Du und ich! Wie es sich für echte Elchfreundinnen nun mal gehört!«

7

Im siebten Kapitel holen wir angeblich freiwillig Holz, was vor allem Papa ziemlich wundert

Am liebsten würden Frida und ich die ganze Nacht bei dem Elch im Schuppen bleiben. Doch erstens ist es dort viel zu kalt, und zweitens hören wir Papa nach einer Weile zur Haustür hinausrufen: »Leni, Frida, was ist denn nun mit dem Holz? Schafft ihr das, oder braucht ihr doch Hilfe?«

Frida springt auf und flitzt zur Schuppentür.

»Alles gut, Leni-Papa, wir kommen gleich ... mit dem Holz. Nur noch einen Augenschlag ...«

Ich sehe Frida unentschlossen an. Vielleicht wäre es doch besser, einen Tierarzt zu verständigen, schießt es mir plötzlich durch den Kopf. Nicht, dass das mit dem Bauchzwacken und Rülpsen schlimmer wird und er noch eine echte Elch-Krankheit entwickelt. Klar, um unseren Enterich Knut haben wir uns auch supergut gekümmert. Aber erst, nachdem Oma Inga dem Kleinen den gebrochenen Flügel geschient hat.

»Frida, ich denke, es ist schlauer, wir erzählen deiner Oma

von dem rülpsenden Elch. Die kennt sich doch mit allem aus und weiß auch, ob so was *normal* ist.«

Frida sieht nicht gerade begeistert aus.

»Quatsch mit Blaubeermus, Leni. Er braucht nur ein Verdauungsschläfchen. Dann geht es ihm ganz bald wieder besserlich.«

»Aber ...«

Frida lässt mich nicht ausreden. »Jetzt vertrau doch mal auf deine Brustfreundin. Ich kenne mich aus.«

Ich seufze. »Na gut, aber wenn er morgen früh noch immer rülpst, ich meine ... wenn ihm der Bauch zwackt, dann erzählen wir deiner Oma von ihm.«

Frida nickt und fängt an, Brennholz in einen der großen Weidenkörbe zu legen. Bevor wir ihn mit vereinten Kräften aus dem Schuppen rüber ins Haus tragen, verabschieden wir uns natürlich noch von dem kleinen Elch. Auch wenn der davon nicht viel mitbekommt, er schläft tief und fest und schnarcht wohlig vor sich hin.

Papa steht in der geöffneten Haustür und nimmt uns den Korb ab.

»Das reicht für heute Abend«, meint er zufrieden.

»Bist du dir sicher, Leni-Papa?« Frida neigt den Kopf von links nach rechts. »Ich glaube, Leni und ich sollten später noch mal in den Schuppen gehen und ein paar Scheite holen.«

Natürlich schlägt sie das nur vor, damit wir wieder einen Grund haben, nach unserem Elch zu schauen.

Doch Papa ist anderer Meinung. »Lieb von dir, Frida. Aber ich bin mir sicher, damit kommen wir gut hin. Und wenn wir tatsächlich noch was brauchen, dann gehe ich. Wäre ja noch schöner, wenn ihr beiden Mädchen jetzt jedes Mal bei Schnee und Sturm rausmüsstet.« Er zwinkert uns verschwörerisch zu und macht sich dann daran, die Scheite neben den Kaminofen zu stapeln.

Frida stößt mir ihren Ellbogen in die Seite.

»Leni, jetzt sag schon was. Du musst dir doch etwas eindenken lassen.«

»Ähm ... Papa«, stammele ich, »also ... es ist doch so ... na ja, du und Mama, ihr habt euch den Urlaub wirklich verdient, und ich finde ... also ...«

»Was Leni sagen will, ist, dass wir beide total gern Holz holen und das ja auch nur gerecht ist, weil sonst immer die Eltern die ganze Arbeit haben. Auch mit der Feierlichkeit und so ...«

Papa lacht. »Schon gut, Frida, wenn es euch so wichtig ist, dann ernenne ich euch hiermit zu unseren Kaminholzbeauftragten.«

Frida guckt Papa zwar völlig verständnislos an und flüstert mir leise zu, was wohl so eine *Beauftrage* sei, aber sie nickt begeistert.

Tatsächlich halten Frida und ich es kaum aus, einfach so mit den anderen im Wohnzimmer zu sitzen und zu erzählen oder zuzuhören. Unsere Gedanken sind bei dem Elch! Nach ungefähr einer Stunde fängt Oscar zum Glück leise zu jaulen an. Als ob er gespürt hätte, dass Frida und ich das Brennholz geradezu hypnotisieren, damit es gefälligst schneller runterbrennt und wir Nachschub aus dem Schuppen holen können. Aber mit Oscar Gassi gehen ist natürlich auch perfekt.

»Oscar muss mal raus!«, rufe ich und bin schon in meine Jacke und die Stiefel geschlüpft.

Frida ist mindestens genauso schnell, sodass wir mit Oscar zur Haustür raus sind, bevor Mama uns aufhalten kann. Ich höre sie zwar noch laut und deutlich rufen: »Leni, es ist stockdunkel. Ich möchte nicht, dass ihr alleine draußen herumlauft!«

Aber da ziehe ich schon die Tür zu und renne mit Frida und Oscar an der Leine ums Haus herum.

»Leni? Frida?«, ruft Mama zur Haustür hinaus.

Erst will ich weiter so tun, als würden wir sie nicht hören. Aber dann kommt mir das ziemlich fies vor, und ich rufe: »Wir sind hinterm Schuppen. Oscar macht gerade ein Häufchen.«

»Na gut. Aber bitte beseitigt den Dreck, damit wir morgen nicht versehentlich reintreten. Und dann kommt ihr wieder ins Haus zurück.«

Frida und ich gucken uns an und müssen grinsen. Klar, Flunkern ist blöd. Aber schließlich müssen wir nach dem Elch sehen, und ich finde, da geht so eine kleine Notlüge in Ordnung.

Der Elch liegt immer noch in der hinteren Box und schläft.

Er wird nicht einmal wach, als mein Hund um ihn herumspringt und ihn anknurrt.

»Und du meinst, es ist normal, dass der so tief schläft?«, frage ich.

Frida seufzt. »Ich bin mir sicher. Aber wenn es dich beruhigt, hole ich morgen früh meine Oma.«

Ich nicke. »Abgemacht!«

Wir stellen dem Elch noch frisches Wasser hin und daneben einen kleinen Berg von den Äpfeln aus dem Eimer, die ihm so gut geschmeckt haben. Falls er wach wird und Hunger und Durst hat, kann er sich einfach bedienen.

Danach machen wir uns wieder auf den Weg zu den anderen. Allerdings bestehe ich darauf, dass wir die Tür des Schuppens nur anlehnen … falls der Elch rauswill. Frida ist gleich einverstanden, denn Tiere pflegen ist die eine Sache, Tiere möglicherweise gegen ihren Willen einsperren dagegen eine ganz andere.

8

Im achten Kapiteln ist der Schuppen leer, aber wir machen trotzdem alles noch mal so richtig gemütlich

Ich weiß nicht, wie lange wir geschlafen haben und ob überhaupt ... aber die Nacht mit Frida war so-so-so lustig, dass das auch total egal ist. Stundenlang haben wir uns gegenseitig Gruselgeschichten erzählt. Frida hat sich sogar ein Bettlaken aus meinem Schrank geholt und ist als Geist durchs Zimmer gelaufen. Als Poltergeist, um genau zu sein, weil sie volle Kanne über meinen Koffer gestolpert ist. Danach lagen wir nicht zitternd vor lauter Grusel, sondern prustend vor Lachen in meinem Zimmer in unserem Ferienhaus.

»Boah, seid ihr Nervzwerge«, begrüßt uns meine Schwester Paula, als Frida und ich zum Frühstück kommen.

»Wau. Wahuu«, bellt Oscar, der hinter uns hertrottet. Hört sich fast an, als wollte er meiner Schwester recht geben. Und es könnte auch glatt so sein. Oscar hat in dieser Nacht nämlich kein Auge zugekriegt. Wie auch? Er schläft in seinem Reisekörbchen direkt neben meinem Bett. Und im Bett hat die lustigste Gespensterparty meines Lebens getobt.

»Was habt ihr eigentlich die ganze Nacht gemacht?«

Paula sitzt allein im Esszimmer, wahrscheinlich haben meine Eltern schon gegessen.

»Habt ihr nicht gehört, dass ich ständig gegen die Wand geklopft habe?« Sie verschränkt angriffslustig die Arme vor der Brust. »Ihr wart so was von laut, krass!«

»Morgen, Motzgurke«, brumme ich.

Ich finde es voll peinlich, dass sich Paula mit ihren Bemerkungen noch nicht mal zurückhalten kann, wenn Besuch da ist.

»Guten Morgen«, flötet Frida ungerührt. Sie schnappt sich ein Brötchen aus dem Korb und schmiert erst eine dicke Schicht Butter, dann fingerdick Schokocreme darauf. »Tut mir leid, Paula, dass wir dich gestört haben. Ich werde mich dafür heute reverchieren.«

»Rever ... was?« Paula kratzt sich am Kopf.

»Na, isch wärde mir wasch überlägen«, erklärt Frida mit vollen Backen. »Wasch Schönesch für disch.«

Paula zuckt mit den Schultern. »Okaaaay«, sagt sie gedehnt. »Ich packe mal meinen Koffer aus.«

Ihr Gesicht sagt deutlich, dass sie sich nicht das Geringste vorstellen kann, womit Frida sie erfreuen könnte. Und mir fällt das, ehrlich gesagt, auch ziemlich schwer. Sogar bei Frida.

Kaum ist meine Schwester nach oben verschwunden, hake ich deshalb nach: »Was soll das denn sein, womit du Paula eine Freude machen willst? Kannst du etwa ihren Tim hierherbeamen und einen Ich-bin-wieder-total-in-Paula-verliebt-Zauber aussprechen?«

Frida kichert. »Fast. Lass mich nur machen. Darf ich mal telefonieren?«

»Klar.« Ich zeige in den Flur. »Das Telefon ist neben der Treppe. Hast du eigentlich immer noch kein Handy?«

Frida schüttelt den Kopf. »Das brauche ich doch nicht. Ich beeil mich. Und dann sehen wir nach … Archie.«

Ich schnippe ein paar Brötchenkrümel von meiner neuen Hose. »Archie?«

»Ist mir gerade eingefallen«, erklärt Frida. »Unser Elch heißt Archie. Oder findest du das doof, Schokomäulerchen?« Sie deutet auf meinen Mund, und ich fahre mir mit dem Handrücken darüber. Danach ist meine Hand schokobraun.

»Nicht schlimm.« Frida zieht ein zerknittertes Papiertaschentuch aus ihrer Hosentasche. »Da! Ist noch ganz neu, ehrlich!«

Ich tupfe mir vorsichtig die Lippen und alles drum herum ab, bis Frida mir Daumen hoch zeigt.

»Jetzt siehst du wieder wie ein normaler Mensch aus. Also, wie findest du Archie?«

Ich nicke, obwohl ich unseren Elch insgeheim Henning getauft hatte. Aber Archie ist auch okay.

»Passt schon. Gefällt mir.«

»Prima!« Frida schiebt ihren Stuhl zur Seite, räumt ein paar Teller auf die Küchentheke und saust los. »Bin gleich wieder da.«

Damit es keinen Ärger gibt, räume ich den Rest vom Geschirr ab. Die Brötchen und die Butter kann aber Paula wegpacken, Liebeskummer hin oder her.

Als ich mit allem fertig bin, ist auch Frida wieder zurück. Im Eiltempo ziehen wir uns an und flitzen hinaus in den Schnee. Oscar hat diesmal keine Lust, uns zu begleiten. Offensichtlich muss er ganz dringend Schlaf nachholen.

»Frida, zwick mich mal«, platzt es vor der Tür aus mir heraus.

Wow! Ich kann es immer noch nicht glauben, was für eine Winterwunderwelt das hier ist. So viel Schnee habe ich schon lange nicht mehr … Quatsch mit Soße … so viel Schnee habe ich noch *nie* gesehen. Nie im Leben!

Ich schaue mich um, bis mein Blick am Schuppen hängen bleibt.

»Die Tür steht offen«, sage ich und zeige darauf.

Frida runzelt die Stirn. »Vielleicht hat der Wind sie gestern Nacht aufgeweht?«

»Kann sein«, sage ich, aber gleichzeitig rennen wir beide los.

Frida ist vor mir am Schuppen. Sie läuft hinein und …

»Archie ist weg!« Ihre Stimme klingt ganz hoch und aufgeregt.

»WAAAAAS??? Bist du sicher?«

Ich stürme in den Schuppen und sehe lieber selbst noch mal nach. Aber Frida hat sich nicht getäuscht, der kleine Elch ist nicht mehr da.

»Vielleicht hat es ihm bei uns nicht mehr gefallen«, überlegt Frida laut.

»Na ja, ganz schlecht fand er es glaub ich nicht«, stelle ich fest und deute auf den zweiten Eimer, den wir Archie hingestellt haben. Wo gestern noch ein Haufen Äpfel lag, ist nun … nichts. Der Elch hat alles aufgefuttert. Was ich gar nicht so richtig verstehen kann, so wie die Dinger in den anderen Eimern riechen. Ich würde lieber Schnee essen, als da hineinzubeißen.

»Vielleicht ist es auch ein gutes Zeichen«, sage ich. »Ich meine, wenn er verschwunden ist, geht es ihm anscheinend wieder gut. Der Bauch zwackt nicht mehr. Und ist es nicht so, dass Elche ihre Freiheit brauchen?«

Frida nickt, klingt aber dann doch ziemlich enttäuscht, als sie sagt: »Klar brauchen sie die. Aber hier im Schuppen hat er es doch wirklich gut gehabt. Warm und trocken und ganz viel zu fressen und dazu frisches Wasser. Was will ein Elch mehr?« Frida schüttelt den Kopf. »So ein dummer kleiner Elch …« Sie stockt mitten im Satz und sieht aus, als würde sie angestrengt nachdenken »Oder er musste nur ganz dringend aufs Klo. Und weil er ein Elch mit Manüren ist, macht er sein Geschäft natürlich nicht hier im Schuppen.« Jetzt grinst Frida. »Bestimmt ist es so, und er kommt gleich zurück. Also, lahme Schnecke, lass uns schnell alles für ihn vorbereiten, dass er sich hier auch wohlfühlt.«

»*Falls er zurückkommt*«, wiederhole ich skeptisch. Ich kenne mich mit Elchen ja wirklich nicht aus, aber ich kann trotzdem nicht wirklich glauben, dass die sich Gedanken darüber machen, wo sie ihr Geschäft verrichten.

»Sei nicht so ein mieser Peter«, schimpft Frida mich aus. Dabei verzieht sie ihr Gesicht so, wie sie sich das wohl bei einem *miesen Peter* vorstellt.

Ich muss lachen und bin gleich besser gelaunt. Frida hat recht. Ich bin wirklich ein Miesepeter. Vielleicht macht Archie tatsächlich nur einen kleinen Spaziergang und kommt bald zurück. Schön wäre das auf jeden Fall.

Also bemühen wir uns richtig doll, damit die Elchbox gemütlich und nach allerbester Gastfreundlichkeit aussieht. Wir verteilen das Stroh neu, füllen den Eimer mit frischem Wasser, und Frida zupft sogar draußen einige verwelkte Birkenblätter ab, weil sie weiß, dass Elche die besonders gern mögen. Fein säuberlich wischt sie von jedem einzelnen Blatt den Schnee weg, bevor sie sie hinlegt. Am Ende sieht die Box ein bisschen so aus, als hätten wir Rosenblätter bei einer Hochzeit gestreut.

»Fertig.« Zufrieden wischt sich Frida die schmutzigen Hände an ihrer bunten Hose ab. »Wenn der Elch zurückkommt, wird er sich bestimmt freuen.«

Eigentlich wollen wir den Schuppen schon wieder verlassen, aber kurz vor der Tür hält Frida mich zurück und macht einen Schritt auf einen alten Schrank zu.

»Sieh mal, da sind Decken im Regal. Ich nehme die und lege sie ins Stroh. Dann hat er es noch wärmer und so richtig kuschelig.«

»Gute Idee«, finde ich.

Also schnappen wir uns die Decken und breiten sie auf dem Stroh aus.

Als wir zum zweiten Mal vor der Tür stehen, bin ich es, die stehen bleibt und Frida zurückhält. Beim Deckenrausziehen ist nämlich etwas zu Boden gefallen.

»Frida, sieh mal, ein Buch. Das ist gerade aus dem Schrank geplumpst.«

Frida bückt sich und nimmt es so vorsichtig wie einen wertvollen Schatz in ihre Hände. Behutsam wischt sie die dicke Staubschicht vom Einband und liest dann leise den Titel vor. Allerdings auf Schwedisch, was ich natürlich nicht verstehe.

»Was steht da?«, frage ich sie ungeduldig, weil Frida plötzlich so einen eigenartigen Gesichtsausdruck bekommt.

»Das ist ein Rezeptbuch ... ein uraltes«, murmelt sie und wirft mir einen verschwörerischen Blick zu. »Und weißt du, was für Rezeptionen da drinstehen?«

Ich schüttele natürlich den Kopf.

Frida strahlt mich an. »Welche, die gegen Liebeskummer helfen!«

»Was? So was habe ich ja noch nie gehört. Rezepte gegen Liebeskummer, wie soll das denn funktionieren?«

Frida zuckt mit den Schultern. »Keine Ahnung. Aber wir können es ja mal ausprobieren, immerhin haben wir eine Liebeskummerliche im Haus.«

Ich lache. Frida ist wirklich die verrückteste Freundin, die man sich nur wünschen kann.

9

Im neunten Kapitel könnte es richtig romantisch werden, wenn Paula nicht so oberzickig wäre

»Und was machen wir jetzt?«, frage ich Frida, als wir schließlich wieder im Ferienhaus sind, wo es warm und urgemütlich ist. »Wobei ... hm, eigentlich wartet ja deine Oma auf uns. Wir haben ihr doch versprochen, beim Keksebacken zu helfen.«

Bevor Frida mir antworten kann, dringt von draußen ein Klingeln, Prusten und Schaben zu uns vor.

Kling-klong! Kling-klang! Kling-klong!

Wenn ich nicht genau wüsste, dass das totaler Quatsch ist, würde ich meinen, der Weihnachtsmann auf seinem Schlitten mit den Rentieren davor ist im Anmarsch. Es hört sich genauso an wie in den Disney-Filmen, die ich alle bestimmt schon hundertmal gesehen habe.

»Er kommt! Er kommt wirklich!« Frida klatscht aufgeregt in die Hände. »Und sooo schnell. Wow, das ist echt der Kracher!«

Verblüfft starre ich sie an. »Wer? Etwa der Weihnachtsmann?«

Frida tippt sich mit dem Finger an die Stirn. »Blödkram, der doch nicht. Ist doch noch viel zu früh für ihn.«

»Okay«, sage ich und bin nicht wirklich sicher, ob das mit dem Weihnachtsmann ein Scherz von ihr war. »Wer ist es denn dann?«

»Natürlich mein Cousin Kimi mit seinem Pferdeschlitten. Er holt uns ab. Darum habe ich vorhin nach dem Frühstück telefoniert. Und um Oma Inga zu sagen, dass wir uns noch um Paula bekümmern müssen.« Frida packt meine Hand und zieht mich hinter sich her. »Kimi nimmt nicht nur uns beide mit, sondern auch deine Schwester! Du verstehst!?« Sie zwinkert mir zu. »Wir müssen sie ganz-ganz-ganz schnell holen, und dann – *Hopuspokus* – kann unser Liebeszauber auch schon losgehen! Es ist bestimmt ein Zeichen, dass wir auch noch das Rezeptbuch gefunden haben. Bald ist Schluss mit dem Herzschmerz und dem ganzen Geheule.« Frida grinst übers ganze Gesicht.

»Du bist verrückt!«, sage ich zu ihr. Okay, das weiß ich natürlich längst – und trotzdem schafft sie es immer wieder, mich zu überraschen. Auch wenn ich ihr das mit dem angeblichen Rezeptbuch nicht wirklich abkaufe. Ich kann zwar kein Schwedisch, aber das alte Buch sah nicht gerade total magisch aus. Und wenn es um Liebeszauberei geht, dann müsste es ja wohl magisch sein, schätze ich.

Der große weiße Holzschlitten sieht dafür umso magischer aus. Die Kufen sind an den Enden so richtig nach oben geschwungen, wirklich genau wie in den Filmen. Auf den beiden gegenüberliegenden Bänken im Innenraum entdecke ich mehrere Felle und wahnsinnig kuschelig aussehende Decken. Vorne auf dem schmalen Kutschbock sitzt Fridas Cousin Kimi und strahlt uns freundlich an. Frida hat nicht gelogen, er sieht wirklich gut aus. Aber am allertollsten sind die beiden zuckersüßen Ponys, die vor den Schlitten gespannt sind. Das eine ist gescheckt und hat eine wilde Stehmähne, das andere ist so weiß wie der Schnee und hat einen dichten Schopf, der ihm bis zu den Nüstern reicht. Kimi sagt irgendetwas zu Frida, woraufhin beide lachen.

»Was ist los?«, will ich wissen und nehme mir wieder vor, dass ich endlich Schwedisch lernen muss. Unbedingt!

»Kimi meint, du guckst, als wäre ein Ufo direkt vor deinen Augen gelandet. Mit grünen Männchen und so.«

»Na ja, so ähnlich ist es ja auch«, gebe ich kichernd zu. »Ich habe noch nie einen Pferdeschlitten gesehen. Und erst recht nicht mit solchen süßen Ponys. Zumindest nicht in *echt*.«

»Was?« Nun bekommt Frida Augen so groß wie Wagenräder. »Wie ist das denn möglich? Gibt es in Deutschland etwa keine Ponys?«

Ich winke ab. »Klar gibt es Ponys und Pferde und auch Reiterhöfe und so. Aber eben selten oder sogar nie so hohen Schnee wie hier. Jedenfalls nicht in Frankfurt, wo ich wohne. Und deshalb sieht man dort natürlich auch keine Pferdeschlitten. Also ... *ich* habe noch keinen gesehen.«

»Du arme, arme Leni«, sagt Frida. So wie sie mich dabei ansieht, scheint sie wirklich Mitleid mit mir zu haben.

»Ich muss dir nicht leidtun«, erkläre ich und knuffe sie in die Seite. »Wenn ich jeden Tag so was Schönes sehen würde, wäre es vielleicht gar nicht mehr *so schön* für mich. Weißt du, was ich meine?«

Frida nickt, sagt aber nichts dazu, weil Kimi irgendwas auf Schwedisch murmelt.

»Kimi meint, wir sollten langsam mal losfahren«, übersetzt Frida. »Er hat sich nämlich später noch mit seinen Freunden verabredet.«

Ich nicke und will schnell in den Schlitten einsteigen.

Frida hält mich zurück.

»Leni, du musst doch erst Paula Bescheid sagen.« Kopfschüttelnd guckt sie mich an. »Wie soll denn sonst der Liebeszauber funktionieren?!«

»Ach ja, stimmt.« Vor lauter Freude habe ich glatt meine schlecht gelaunte Schwester vergessen. »Dann versuche ich mal mein Glück.«

Paula liegt auf ihrem Bett und starrt die Decke an. Weil sie Kopfhörer aufhat, kriegt sie nicht gleich mit, dass ich in ihr Zimmer gekommen bin, und auch nicht, was ich zu ihr sage. Bestimmt hört sie wieder superlaut irgendwelche tieftraurigen Liebeslieder, wovon sie dann noch trauriger wird, als sie eh schon ist.

Als ich sie sanft an der Schulter berühre, zuckt sie total übertrieben zusammen. Sie reißt sich wütend die Kopfhörer von den Ohren.

»Sag mal, spinnst du!«, blafft sie mich an. »Weißt du eigentlich, wie ich mich gerade erschreckt habe?«

»Tut mir leid«, sage ich so freundlich wie möglich, obwohl mich ihre miese Laune langsam total nervt. Echt jetzt!

Aber ich kann unmöglich ohne Paula beim Schlitten auftauchen, wo sich Frida doch so irre viel Mühe gemacht hat. Und Kimi natürlich auch.

»Frida und ich haben eine richtig tolle Überraschung für dich.«

Paula winkt ab. »Kein Bock.«

»Aber du weißt doch noch gar nicht ...«

Mehr kann ich nicht sagen, denn in diesen Moment kommt Frida in Paulas Zimmer geflitzt. Ich zucke entschuldigend mit den Schultern, um ihr klarzumachen, dass es einfach zwecklos ist. Doch Frida wäre nicht Frida, wenn sie so schnell aufgeben würde.

»Du musst mitkommen, Paula! Sonst kippt nämlich der Schlitten um, wegen dem Ungleichgewicht. Und dann landen Leni und ich im Schnee, erkälten uns und müssen die ganze Nacht husten, keuchen, niesen, und du bekommst schon wieder kein Auge zu.«

Ich bin mir sicher, dass Paula ihr einen Vogel zeigen wird, kurz bevor sie uns im hohen Bogen aus ihrem Zimmer wirft. Doch ich täusche mich. Echt verrückt.

»Welcher Schlitten?«, will sie wissen.

»Na, ich habe gedacht, dass du und Leni ganz bestimmt mit einem echten Schlitten durch Schweden ... also zumindest ein Stück davon ... fahren wollt«, erklärt Frida. »Und da habe ich meinen hübschen und sehr netten Cousin Kimi gefragt, ob er das übernehmen würde. Und stell dir mal hin – weil er keine Freundin und mächtig viel Zeit hat, möchte er euch am besten die ganze Gegend zeigen. Als Reiselehrer sozusagen.«

»Reiseleiter«, verbessert Paula grinsend. »Okay, das ist natürlich ein Argument. Ich ziehe mir nur schnell was Warmes an, dann begleite ich euch. So ein *Ungleichgewicht* kann schon ziemlich anstrengend sein, und wenn dein Cousin nicht weiß, was er mit seiner Zeit anfangen soll, will ich gern helfen ...« Verschwörerisch zwinkert sie Frida zu.

Ich werde aus Paula einfach nicht schlau. Im einen Moment ist sie stinksauer, im anderen quietschvergnügt. Verflixter Liebeskummer. Aber die Hauptsache ist: Sie kommt mit.

Kurze Zeit später sitzen wir alle im Schlitten. Frida und ich hinten auf den kuscheligen Fellen und in warme Decken gehüllt, Paula vorne neben Kimi. Natürlich hat sie versucht, sich zu uns zu setzen, doch Frida hat sofort wieder eine passende Erklärung gehabt, warum das auf gar keinen Fall geht.

»Leni hat erzählt, dass du fast perfekt Englisch sprichst. Kimi übrigens auch. Da ist es doch nur gut, wenn du vorne bei ihm sitzt, weil Kimi so selten die Gelegenheit hat, sich in Englisch mit jemanden zu unterhalten.«

Kimi hat nichts dazu gesagt, nur knallrot angelaufen ist er. Frida meint, das kommt davon, weil er sich in Paula schockverliebt hat. Jetzt muss sich Paula nur noch zurück schockverlieben, und der Liebeszauber hat superschnell funktioniert. Das wäre eine echte Erholung für mich und meine Eltern, ganz bestimmt!

Nur leider ist Paula zwar neben Kimi auf den Sitz geklettert, aber reden tut sie kein einziges Wort mit ihm. Was vielleicht daran liegt, dass auch Kimi kein Wort sagt. Kein schwedisches und auch kein englisches. Er starrt nur stur geradeaus. Ich schätze, so haut das mit dem Liebeszauber noch nicht so wirklich hin.

Doch eigentlich ist es mir gerade auch egal, denn ich bin viel zu sehr mit Staunen und Schwärmen beschäftigt.

»Frida«, flüsterte ich, »ich könnte vor Glück schreien.«

Meine Freundin grinst mich an. »Was für ein zufälliger Fall! In Schweden schreien wir immer, wenn uns was total gut gefällt. Also los!«

Und dann brüllen wir beide unseren Glücksschrei so laut heraus, dass Kimi beinahe vom Kutschbock fällt und Paula sich die Ohren zuhält. Nur die Ponys zeigen keine Reaktion.

Ich kuschele mich ganz eng an Frida. Die Welt um uns herum ist einfach nur wunderwunderbar. Das Schnaufen der Ponys, das gleichmäßige Geräusch, das die Kufen machen, wenn sie durch den Schnee gleiten, die wohlige Wärme – so-so-so knallschön. Wenn Paula dafür keinen Blick hat und erst recht keine Begeisterung, ganz ehrlich, dann ist es mir langsam mal egal.

Wir fahren eine ganze Weile irgendwelche Wege entlang, die so verschneit sind, dass man sie kaum noch erkennt. Von mir aus könnten wir noch ewig so dahingleiten.

»Schaut mal, dort hinten auf dem See wird Schlittschuh gelaufen!«, sagt Paula plötzlich und reißt mich damit aus meinen Gedanken. »Das habe ich ja schon ewig nicht mehr gemacht. Schon gar nicht auf einem zugefrorenen See. Nur in der Eishalle.« Sie hört sich richtig begeistert an. Frida grinst und ruft: »Kimi ist ein super Eisläufer!« Dann sagt sie irgendwas auf Schwedisch zu ihrem Cousin.

Und – oh Wunder – er dreht seinen Kopf Paula zu und redet tatsächlich mit ihr. Natürlich in Englisch, woraufhin Paula – noch ein Wunder! – lächelt und nickt.

»Was reden die?«, will Frida aufgeregt von mir wissen.

Ich habe zwar nicht jedes Wort verstanden, aber das, worauf es ankommt, schon.

»Sie haben sich zum Schlittschuhlaufen verabredet. Gleich morgen nach Kimis Eishockeyspiel ... und da soll Paula zuschauen, wenn sie will.«

»Jipppppiehhhh!« Frida klatscht begeistert in die Hände. Die beiden vorne drehen sich zu uns um und gucken verständnislos.

»Ich habe gerade ein Eichhörnchen gesehen«, behauptet Frida, woraufhin die beiden noch komischer gucken, sich dann aber wieder nach vorne wenden.

»Das wird super«, raunt Frida mir zu. »Da gehen wir natürlich mit, ist doch logerisch.«

»Du, Frida?« Ich verziehe die Mundwinkel. »Paula und ich haben überhaupt keine Schlittschuhe dabei. Wir können also gar nicht fahren, sondern nur zugucken.«

Frida schüttelt den Kopf »Nö. Niemalsnich! Bis dahin fällt uns schon noch was ein. Warte kurz.« Sie kneift die Augen zusammen, murmelt etwas Unverständliches auf Schwedisch, wirft die warme Decke weg, dreht sich auf ihrem Sitz einmal um sich selbst und öffnet die Augen wieder. »So, fertig. Und du wirst schon sehen, Leni, wenn Paula Kimi erst mal beim Eishockeyspielen zusieht, dann verknallt sie sich toootal in ihn. Wusste ich doch, dass mein Liebeszauber funktioniert.«

Ich nicke. Aber so sicher wie Frida bin ich dann doch nicht. Und ich frage vorsichtshalber auch nicht, was das Drehen und Murmeln sollte. Bei Frida muss man einfach nur warten, dann erklärt sich irgendwann alles von selbst.

10
Frida und ich müssen uns im zehnten Kapitel um einiges kümmern, und auch ihre Eltern haben als Kümmerer ganz schön viel zu tun

Es ist schon Mittagszeit, als Kimi den Schlitten und damit uns wieder vor dem Ferienhaus vorfährt.

»Wau-wau-wau-wau!« Oscar springt uns laut bellend und mit ziemlich vorwurfsvollem Blick entgegen und umrundet uns dreimal.

»Oje, der ist sauer«, erkläre ich Frida. »Bestimmt wäre er auch gern mitgefahren.«

Meine Freundin krabbelt aus dem Schlitten und streichelt Oscar.

»Tut mir leid, Hühneranfresser. Aber du hast heute Morgen so schön geschlafen, da wollten wir dich nicht wecken. Dafür darfst du nachher mitkommen zum Schlittschuh laufen.«

Oscar jault, als hätte er jedes Wort verstanden. Was habe ich doch für einen schlauen Hund!

Während sich Kimi ziemlich ausgiebig von Paula verabschiedet, haben Frida und ich Besseres zu tun: Wir müssen unbedingt nachsehen, ob der kleine Elch Archie wieder da ist. Also winken wir Kimi noch kurz zu und laufen dann zum Schuppen.

Supervorsichtig schieben wir uns durch den Türspalt und ...

»Nein, er ist nicht zurückgekommen«, murmele ich enttäuscht.

Alles, was wir vorbereitet hatten, liegt noch genauso da wie heute Morgen. Hier war seitdem auf jeden Fall kein Elch.

»Schade.« Frida drängt sich an mir vorbei. »Aber wer weiß, vielleicht schaut er später wieder vorbei. Äpfel sind ja noch genug da.« Sie rückt den Wassereimer etwas näher an das knallgemütliche Elchlager ran.

Währenddessen durchwühle ich den Schrank nach ein paar mehr Decken. Dabei entdecke ich im unteren Teil etwas Glänzendes, Hartes. Vorsichtig ziehe ich daran und ... halte einen Schlittschuh in der Hand!

»Frida«, japse ich aufgeregt, während ich auch noch den zweiten aus dem Schrank fische, dann noch einen und noch einen, bis schließlich vier Paar Schlittschuhe vor mir liegen. In allen möglichen Größen. »Was für ein verrückter Zufall!«

»Blöööödsinn!«, verkündet meine Freundin und begutachtet

die Schlittschuhe. »Das ist kein zufälliger Fall, Leni. Das war Magie!« Sie wirft mir einen bedeutungsvollen Blick zu. »Ich habe mir Schlittschuhe gewünscht und – *zack!* – sind sie da.«

»Äh ... ja klar doch. Und wie genau hast du das angestellt?«

»Na, das hast du doch gesehen. Gerade eben, auf Kimis Schlitten.« Frida schließt die Augen, murmelt etwas, dreht sich einmal um sich selbst und öffnet die Augen dann wieder. »So. Den Zauberspruch habe ich aus dem Rezeptbuch.«

Ich starre sie an. »Ach so. Einfach so geht das. Drehen und quatschen und Augen-zu-Augen-auf.«

»Genau.« Frida grinst. »Kleiner Liebeszauber, gehört zu meinem Plan für Paula.«

Eigentlich ist mir ja klar, dass Frida kein bisschen zaubern kann. Und besonders magisch ist sie mir bisher auch nicht vorgekommen. Aber irgendwie prickelt es auf einmal ganz komisch in meinem Bauch, und meine Kopfhaut juckt. Merkwürdig, sehr merkwürdig. Doch jetzt bleibt keine Zeit, länger darüber nachzudenken.

»Leni! Frida! Mittagessen«, hören wir nämlich meine Mutter rufen.

»Oh nein, gerade jetzt, wo ich noch ein bisschen zaubern wollte«, meint Frida und zwinkert mir zu.

Ich lache, aber ein bisschen gruselig finde ich die ganze Schlittschuh-Herbeiwünscherei schon. Auch wenn ich natürlich weiß, dass das eigentlich Quatsch ist. Oder?

Frida hakt sich bei mir unter.

»Bin mal gespannt, was es zu futtern gibt. Hoffentlich was richtig Leckeres?!«

Aber von *richtig lecker* kann leider keine Rede sein. Papa hat einfach nur ein paar Dosen Ravioli aufgewärmt. Kochen im Urlaub ist nicht so sein Ding, verkündet er fröhlich. Da geht er lieber irgendwohin schön essen.

Zum Glück ist Frida ein sehr höflicher Gast und dazu ein echter Schatz.

»Das schmeckt köstlich«, meint sie und rollt verzückt mit den Augen. »Das Rezept muss ich unbedingt meiner Oma Inga geben.«

Mama und Papa lachen.

»Na, die wird staunen«, scherzt Mama und knufft Papa gegen den Oberarm.

Da fällt mir wieder ein, was ich Paula unbedingt erzählen muss. Ich drehe mich zu ihr.

»Du errätst nie, was wir gerade im Schuppen gefunden haben!«

Paula verdreht die Augen und fragt genervt: »Ein paar tote Mäuse vielleicht?«

»Paula!«, brummt Papa. »Jetzt ist langsam mal gut mit deiner schlechten Laune.« Und zu Frida und mir gewandt: »Ihr verbringt aber wirklich jede Menge Zeit im Schuppen. Was gibt es denn da so Interessantes, Leni?«

Frida kommt mir mit ihrer Antwort zuvor: »Da gibt es vor allem jede Menge zum Aufräumen. Und Leni und ich haben uns vorgenommen, dass wir noch vielerlei gute Taten vor Weihnachten machen wollen.«

Mama strahlt. »Wie lieb von euch.«

»Allerdings, Leni-Mama.« Frida schiebt ihren Stuhl zur Seite, geht raus und kommt mit den Schlittschuhen wieder. »Und beim Aufräumen haben wir die hier gefunden.«

»Schlittschuhe!«, ruft Paula begeistert. »Ist ja krass. Die muss ich gleich mal anprobieren.«

Mama sieht Papa fragend an. »Meinst du, die dürfen wir ausborgen, Karl?«

Papa nickt. »Und ob wir das dürfen. Zufälligerweise habe ich vorhin gerade die Mietunterlagen unseres Ferienhauses gelesen. Da gibt es sogar extra einen Hinweis darauf, dass im Schuppen zwei Schlitten und mehrere Paare Schlittschuhe in unterschiedlichen Größen zu finden sind. Die gehören sozusagen zur Grundausstattung des Hauses dazu.«

Ich gucke Frida an, die unschuldig lächelt. Aber damit ist die Sache ja wohl klar: Sie wusste die ganze Zeit von den Schlittschuhen. Von wegen *Magie und herbeigewünscht*. Aber den Schwindel nehme ich ihr nicht übel. Frida ist eben meine allerbeste, quietschverrückte und Quatsch erzählende Freundin.

Paula schiebt ihren Teller zur Seite und springt schon auf, um loszurennen, aber Papa hält sie zurück.

»Jetzt essen wir erst mal in Ruhe. Danach ist Schlittschuh-Anprobe.«

Im Eiltempo verputzen wir unsere Ravioli. Dabei sehe ich

immer wieder durch die große Fensterfront auf die dick verschneite, völlig unberührte Wiese hinter unserem Ferienhaus. In der Ferne kann man auch den zugefrorenen Pöl sehen.

»Frida! Paula!«, platzt es auf einmal aus mir heraus. »Wir müssen draußen unbedingt noch einen Schneemann bauen.«

»Und eine Schneefrau«, ergänzt Paula mit roten Wangen.

Ich glaube, die Schlittenfahrt mit Kimi und die Aussicht aufs Schlittschuhlaufen haben ihr doch ganz gutgetan.

»Das müssen wir unbedingt«, findet auch Frida. »Wie gut, dass ich ungefähr tausend Tage Ferien habe.«

»Sag mal, Frida«, Mama stützt sich auf ihren Ellbogen. Das macht sie immer, wenn sie neugierig ist und jemanden mit Fragen bombardieren möchte. Jetzt ist Vorsicht geboten!

»Ich weiß ja aus den letzten Ferien, dass deine Eltern viel arbeiten. Aber ... also ... was machen sie eigentlich? Ich meine, in drei Tagen ist Weihnachten und ...«

Frida hebt den Zeigefinger. »Und da sollten Eltern bei ihren Kindern sein. Das stimmt schon, Leni-Mama. Und meine Eltern sind auch bei Kindern, eben nur nicht bei mir.«

Ungerührt löffelt Frida ihre Ravioli weiter, während meine Eltern und Paula sie anstarren, als wäre sie ein Geist.

»Sie sind also ... bei anderen Kindern?«, fragt Papa vorsichtig. »Seid ihr denn so eine große Familie?«

»Sehr groß«, meint Frida ungerührt. »Meine Eltern haben hundertfünfzig Kinder. Sie sind richtige Kümmerer, weißt du!?«

Mama verschluckt sich beinahe an einer Portion Ravioli, und Paula verzieht ihre Mundwinkel so, als würde sie gleich volle Kanne losprusten. Das sieht so witzig aus, dass ich prompt lachen muss – und Frida gleich mit. Wir kichern und lachen und glucksen. Paula, Frida und ich.

»Kriegt ihr euch auch wieder ein?«, brummt Mama eingeschnappt. Und zu Frida gewandt: »Ich verstehe gar nichts. Sag mal, als was arbeiten deine Eltern denn nun?«

»Sie sind Lehrer«, erklärt Frida. »Also, meine Mama ist Lehrerin und mein Vater Schulleiter. An einer Schule für schwerbar erziehliche Kinder. Und weil die Kinder da auch übernachten, sind meine Eltern oft nicht da ... also nicht bei mir, weil sie dann auch dort übernachten. Bei den anderen Kindern. Wenn es nötig ist. Und an Weihnachten ist es sehr,

sehr, sehr nötig, sagt mein Vater immer.« Frida sieht fröhlich in die Runde. »Aber dafür habe ich Oma Inga. Und zu der würde ich jetzt gern mit Leni gehen. Weil wir ganz dringerlich Pfefferkuchen backen müssen. Und danach wollen wir das Eishockeyspiel von meinem Cousin anschauen und dann Schlittschuh laufen. Okay?!«

Meine Eltern sehen Frida ein bisschen erstaunt an, aber noch mehr Fragen fallen ihnen wohl nicht ein. Und ein Grund, uns aufzuhalten, auch nicht. Also probieren Paula und ich nach dem Essen flugs die Schlittschuhe an, und anschließend mache ich mich mit Frida auf den Weg zu Oma Inga.

»Wuff-wuff, wahuuuu!«, beschwert sich Oscar, der leider nicht mitkommen darf. Oma Inga passt nämlich auf die kleinen Kätzchen ihrer Nachbarin auf, die verreist ist, und die würden wahrscheinlich einen Herzinfarkt bekommen, wenn mein Hund sie anbellt.

»Sei nicht traurig, Oscar, Paula dreht nachher noch eine Runde mit dir«, tröste ich ihn. »Und zum Eishockeyspiel darfst du natürlich mitkommen.«

Das scheint Oscar aber nicht sonderlich zu beruhigen. Beleidigt dreht er mir den Hintern zu und verschwindet dann einfach in der Küche.

»Komm, Leni«, meint Frida. »Der kriegt sich wieder ein. Und wir müssen los.«

Natürlich nicht, ohne vorher noch mal nachzuschauen, ob Archie doch noch zurückgekommen ist. Aber nein, keine Spur vom Elch. Und eigentlich ist das auch ganz gut so, denn erstens scheint es ihm dann an nichts zu fehlen und er findet draußen genug zu fressen. Zweitens haben Frida und ich gerade so viel vor, da bliebe eh kaum Zeit, um uns richtig gut um einen hungrigen und ständig rülpsenden Elch zu kümmern.

11

Im elften Kapitel werden wir erst hinterhältig angegriffen, dann samtweich eingehüllt

»Voll gut, dass Paula und mir von den Schlittschuhen tatsächlich welche passen«, sage ich zu Frida, während wir Seite an Seite durch den hohen Schnee stapfen.

Frida nickt. »War mir klar. Das gehört alles zu meinem Liebeszauber.«

Ich lache. »Ja, ja, du und dein Liebeszauber.«

Frida rümpft die Nase. »Hej, glaubst du mir etwa nicht?«

Ich hebe beschwichtigend die Hände. »Doch. Auf jeden Fall. Unbedingt.« Dabei grinse ich übers ganze rotverfrorene Gesicht.

Frida schneidet eine Grimasse. »Du wirst schon sehen, Leni, und dann ...« Sie bringt den Satz nicht zu Ende, weil sie mittendrin von einem Schneeball getroffen wird. Und zwar direkt auf der Stirn. Prustend wischt sie sich mit dem Handschuhrücken übers Gesicht und schaut sich dabei nach allen Seiten um.

Ich suche ebenfalls die Umgebung nach dem Schneeballwerfer ab, doch weit und breit ist niemand zu sehen.

Trotzdem ist Frida sich sofort sicher: »Das war Jonne. So wirft nur der.«

»Echt?«, murmele ich unschlüssig, da fliegt auch schon der nächste Schneeball durch die Luft und erwischt dieses Mal mich am linken Oberarm.

»Aua!«, rufe ich und ärgere mich. Der Treffer war echt hart.

Frida zögert nun nicht mehr länger. Sie packt meinen Jackenärmel und zieht mich mit sich.

»Schnell, Leni!«, keucht sie hektisch.

Wir verschanzen uns hinter einem dick verschneiten, halbhohen Busch. Frida fängt sofort damit an, Schneebälle zu formen. Als ich es ihr nicht sofort gleichtue, nickt sie mir auffordernd zu.

»Mach schon, Leni, wir müssen uns bewaffnen. Wo Jonne ist, da sind auch Tilla und Benny nicht weit.«

Da fliegt auch schon der nächste Schneeball. Dieses Mal schlägt er genau in unserem Busch ein, sodass jede Menge Schnee von den kleinen Sträuchern herunterrieselt. Natürlich direkt auf uns drauf. Okay, jetzt werde ich langsam richtig sauer.

»Na warte, das kriegen die zurück«, knurre ich, während ich einen dicken Schneeball forme, den ich dann auch sofort werfe. Allerdings völlig ziellos, weil ich schließlich nicht weiß, in welchem Hinterhalt unsere feigen Angreifer hocken.

»Nicht doch, Leni«, rügt mich Frida prompt. »Wir müssen mit Köpfchen die anderen übersiegen. Das ist es nämlich, was die nicht haben.«

Okaaay, damit hat sie allerdings recht.

»Wie gehen wir vor?«

»Erst mal in ein anderes Versteck schleichen. Denn jetzt wissen die ja, wo wir sind.«

Verflixt, Frida hat recht. Verärgert beiße ich mir auf die Unterlippe. Denn warum wissen unsere Gegner Bescheid? Logisch – weil ich ohne nachzudenken einfach zurückgeworfen habe. Aber schließlich kenne ich mich mit schwedischen Schneeballschlachten nicht sonderlich gut aus. Das hier ist meine allererste! Frida scheint es mir auch gar nicht übel zu nehmen, denn sie grinst schon wieder.

»Vielleicht aber gar nicht so schlecht, Leni, denn jetzt denken sie, sie haben eine Ahnung, wo wir sind.« Sie zwinkert mir zu, bevor sie in tief gebückter Stellung rüber zum nächsten Busch huscht. Ich schnappe mir einige der fertigen Schneebälle und folge ihr.

Doch unser nächstes Versteck bleibt nicht das endgültige. Wir schleichen von verschneitem Busch zu verschneitem Busch, bis wir schließlich fast schon gegenüber von unserem ersten Versteck sind.

»Perfekt«, raunt Frida mir zufrieden zu und macht mit dem Schneeballformen weiter.

Währenddessen landen noch jede Menge Schneebälle in dem ersten Busch, wo uns die Gegner also immer noch vermuten. Doch auch wenn ich ganz genau hingucke, ich kann nicht wirklich erkennen, von wo sie abgefeuert werden.

»Wo sind die denn bloß?«, flüstere ich Frida zu. »Ich sehe die Schneebälle zwar durch die Luft fliegen, aber irgendwie nicht, von wo sie kommen.«

Frida runzelt die Stirn unter ihrer dicken, knallbunten Wollmütze. »Sie haben sich verteilt. Das machen die immer so. Weil sie denken, das wäre klug. Dabei sind sie allesamt voll die Hohlnüsse.«

Wenn ich an die Sommerferien zurückdenke und an den fiesen Streich, den die drei uns gespielt haben, kann ich Frida da echt nur zustimmen. Allerdings haben Jonne, Tilla und Benny damals einen Mordsanpfiff von ihren Eltern bekommen. Ich hätte nicht gedacht, dass die sich jemals trauen würden, uns noch mal zu ärgern.

Tja, wie man sich doch täuschen kann.

Fleißig arbeiten wir weiter an unserem Schneeballvorrat, bis Frida schließlich findet, dass es reicht.

»Jetzt tricksen wir die erst mal aus.«

»Und wie?«

Frida zwinkert mir zu. »Ganz einfach, wir verwirren sie.«

Ich weiß zwar immer noch nicht, was sie vorhat, aber ich verkneife mir die Frage, weil ich mich nicht als komplette Schneeballschlachtniete erweisen will. Außerdem schickt Frida in diesem Moment die erste weiße Kugel los. Allerdings ... ähm ... nun ja, mit dem Zielen hat sie es irgendwie nicht so. Der Schneeball landet ziemlich weit oben in einem Baum, wo unter Garantie weder Jonne noch Tilla oder Benny hocken. Dafür rieselt ziemlich viel Schnee von den Ästen und Zweigen zu Boden.

»Volltreffer!«, triumphiert Frida jetzt auch noch.

»Na ja, vielleicht nicht so ganz«, sage ich höflich, als plötzlich knallhart und verflixt schnell zurückgefeuert wird. Und zwar von einem Gebüsch, das von unserem neuen Versteck gar nicht weit entfernt ist. Ich erkenne sogar ein paar bunte Mützen.

»Soso, da sind sie also, die Feiglinge«, knurrt Frida.

»Die sind ja fast vor uns«, stelle ich verblüfft fest.

Wir haben uns tatsächlich hinter die drei gebracht. Auch wenn ich das nicht wirklich mitgekriegt habe.

Ich bin einfach nur hinter Frida hergeschlichen.

»Und jetzt kriegen sie die Quittung für ihren feigen Überfall«, erklärt Frida und klingt dabei wild entschlossen. »Feuer frei!«

Eine winzige Sekunde zögere ich noch. Doch dann mache ich es Frida nach und befeuere die drei mit einem Schneeball nach dem anderen. Die sind so überrumpelt, dass sie urplötzlich aufstehen und nur wild mit den Händen rumwedeln, um sich zu schützen. Als Jonne versucht zurückzuwerfen, muss er auch diese Deckung aufgeben und bekommt dafür prompt von Frida einen Schneeball mitten auf die Nase verpasst.

»Argh«, kreischt er und brüllt dann noch so einiges auf Schwedisch.

Frida schreit zurück, ohne dabei mit dem Werfen aufzuhören. Ich lasse ebenfalls nicht nach – und tatsächlich: Jonne, Tilla und Benny bleibt nichts anderes übrig, als fluchend die Flucht zu ergreifen. Wir haben sie so überrumpelt, dass sie sich nur noch geschlagen geben können.

»Yeah!«, rufe ich lauthals. »Wir haben sie besiegt!«

Frida hebt die Handschuhhand, und ich schlage mit meiner ein.

»Du hast dich supergut geschlagen bei deiner allerersten echten Schneeballschlacht«, lobt sie mich.

»Danke!«, gebe ich lachend zurück. »Aber ich hatte ja auch die beste Lehrerin an meiner Seite.«

Ziemlich zufrieden setzen wir unseren Weg fort. Doch kurz bevor wir endlich das Haus von Fridas Oma erreichen, um ihr beim Backen zu helfen, fängt es zu schneien an. So heftig, dass man kaum noch die Hand vor den Augen sehen kann. Ohne Frida würde ich den Weg zum Haus gar nicht mehr finden.

»Wahnsinn«, keuche ich völlig überwältigt. »So viel Schnee ...«

Frida dagegen ist nicht so begeistert wie ich. »Zu viel Schnee«, brummt sie.

»Ich dachte, du magst den Schnee?«, wundere ich mich.

Frida seufzt. »Ja, tue ich auch. Aber für den Liebeszauber ist er echt blöd. Die Jungs brauchen eine halbe Ewigkeit, um das Eishockeyfeld freizuschaufeln. Und dann ist es schon dunkel und zu spät für ein Spiel. Paula kann Kimi nicht auf dem Eis erleben, und somit wird sie sich auch nicht schockverlieben.«

So weit habe ich natürlich nicht gedacht. Aber ehrlich gesagt glaube ich eh nicht so richtig an Fridas Liebeszauber. Und außerdem: Ich liiiiebe diese weichen Schneeflocken, die auf uns niederrieseln, uns umhüllen und alles, wirklich alles mit einer noch dickeren samtweichen Schicht überziehen. Einfach nur traumwunderschön.

Frida zieht sich die Mütze über die Ohren und murmelt:

»Dann bleiben mir also nur noch die *fliegenden Zimtschnecken* und die Hoffnung, dass es bald aufhört zu schneien.«

Von mir aus … aber bis dahin genieße ich die unzähligen weißen Samtflocken. Der Liebeszauber muss warten!

12

Kapitel zwölf handelt vom Backen wie Pippi Langstrumpf und von verräterischen Spuren im Schnee

Eine ganze Weile stapfen wir so durch den Schnee. Auch Frida findet sich damit ab, und wir singen, lassen die Flocken auf unseren Zungen schmelzen, werfen uns mit Schwung auf den Boden und machen Schneeengel. Ich kann mich gar nicht mehr dran erinnern, wann ich das zum letzten Mal gemacht habe ... ist auf jeden Fall schon ewig her!

Als Oma Ingas rotes Holzhaus dann vor uns liegt, sind wir aber doch ziemlich froh, denn unsere Füße sind inzwischen Eisklumpen. Trotz dicker Winterstiefel.

Fridas Oma erwartet uns in einem Schaukelstuhl auf ihrer Veranda. Sie hat sich in viele warme Decken gekuschelt und hält eine Tasse mit einem dampfenden Getränk in der Hand. Ich weiß nicht genau, ob es an meiner Vorweihnachtsstimmung oder an meinen kalten Füßen liegt, aber ich finde alles hier in Schweden so unglaublich gemütlich und einladend: die vielen brennenden Windlichter, die Oma Inga auf die Stufen der Veranda platziert hat, den Himmel, der sich rosa eingefärbt hat, Oma Inga von Decken umhüllt.

»Leni! Frida!«, ruft Fridas Oma, »da seid ihr ja endlich! Ich habe drinnen den Ofen angeheizt, da könnt ihr euch aufwärmen.« Sie springt auf, wirft die Decke über den Schaukelstuhl und hält uns die Haustür auf. »Husch, rein mit euch. Sonst bekommt ihr noch Frostbeulen!«

»Zieh deine Schuhe und die Strümpfe aus«, fordert Frida mich auf. »Wir halten unsere Füße in den Kamin.«

»Spinnst du?« Ich frage mich ehrlich, ob sie noch alle Tassen im Schrank hat. »Ins Feuer?«

Oma Inga, die hinter uns die Tür geschlossen hat, schmunzelt. »Natürlich nicht, Leni. Das ist doch ein Kachelofen. Frida meint, dass ihr die Füße an die warmen Kacheln legen könnt, das macht sie immer so, wenn ihr kalt ist.«

Und dann sitzen wir in der Wohnstube auf Oma Ingas Eckbank am Kamin, pressen unsere nackten, eisigen Füße daran, bis sie wieder warm sind, und trinken dazu heiße Milch. Danach streicheln wir die beiden kleinen Kätzchen von Oma Ingas Nachbarin.

»Sie sind gerade mal acht Wochen alt«, erklärt Oma Inga. Und zu mir gewandt: »Tut mir leid, dass du Oscar nicht mitbringen durftest. Aber du siehst ja selbst, wie winzig sie noch sind. Der wilde Oscar wäre wirklich zu viel für die Zwerge gewesen.«

Natürlich kann ich es voll verstehen, dass mein Lieblingsoscar nicht dabei sein darf. Zumal er auch einen ziemlichen Jagdinstinkt hat, sagt Mama immer, und zu Hause in Frankfurt gerne mal hinter den Katzen im Park herflitzt.

Die Katzenkinder sind unglaublich niedlich! Es gibt ein hellgraues Kätzchen, das Sissi heißt, und einen kleinen schwarzen Kater namens Gösta. Am liebsten würde ich die zwei sofort mit nach Hause nehmen. Aber das geht natürlich nicht, denn sie gehören schließlich Oma Ingas Nachbarin. Und außerdem würde mein lieber kleiner Hund Oscar dann völlig durchdrehen.

Oma Inga drückt mir ein Knäuel Wolle in die Hand, das ich den Kätzchen zurolle. Mit ihren Minipfoten und den winzigen Krallen verheddern sie sich immer wieder darin, purzeln übereinander und rennen dem Wollball hinterher. Das sieht so lustig aus! Frida und ich können gar nicht genug von den beiden kriegen.

»Was ist denn jetzt? In drei Tagen ist Weihnachten. Wollt ihr die Tage ohne Plätzchen verbringen?« Oma Inga stemmt lachend die Hände in die Hüften.

»Eins hinter dem zweiten«, erklärt Frida mit ernster Miene. »Jetzt waschen wir uns erst mal die Hände. Komm, Leni.«

Wir setzen die Kätzchen in ihr Körbchen und sausen in die Küche zum Waschbecken.

»Hier riecht es so gut«, schwärme ich und schnuppere. »Nach Zimt und Gewürzen und Honig.«

Oma Inga nickt. »Ich habe schon einiges vorbereitet. Was wollt ihr backen?«

»Julplätzchen und Pfefferkuchen natürlich«, kommt es wie aus der Pistole geschossen von Frida.

»Und die Pfefferkuchen am liebsten wie Pippi Langstrumpf«, platzt es aus mir heraus. »Auf dem Fußboden. Also ... äh ... ich meine ...« Kaum ist es raus, ist es mir total peinlich. Oma Inga hält mich bestimmt für komplett verrückt. Nur weil wir in Schweden sind, backen bestimmt nicht alle auf dem Fußboden wie Pippi.

Aber Oma Inga zuckt nicht mal mit den Brauen, und Frida jubelt sofort los: »Was für eine wunderherrliche Idee, Leni. Genau! In diesem Jahr backen wir die Pfefferkuchen auf dem Fußboden.« Sie sieht Oma Inga bittend an. »Immerhin ist es ein schwedisches Kinderbuch, Oma. Und was Astrid geschrieben hat, stimmt doch alles, oder!? Leni soll doch so viel wie nur möglich über unser Weihnachten kennenlernen.«

Fridas Oma lacht. »Ihr seid wirklich zwei verrückte Mädchen. Also gut, glücklicherweise habe ich heute Morgen erst den Boden gescheuert. Wir legen Backpapier darauf, und dann dürft ihr ausstechen.«

»Müssen wir denn nicht erst den Teig machen?«, frage ich.

»Ein guter Pfefferkuchenteig muss für zwei Stunden kalt gestellt werden«, erklärt Oma Inga. »Erst dann lässt er sich richtig weiterverarbeiten. Also habe ich den Teig schon ganz früh heute Morgen vorbereitet.« Sie läuft zum Kühlschrank, holt einen dicken, braunen Klumpen heraus und hebt ihn in die Höhe. »Das reicht gut für zwei Familien.«

Frida sieht mir wohl an, dass ich gerade ziemlich heftig nachdenke.

»Natürlich für eure und für unsere Familie«, erklärt sie. »Für wen denn sonst?«

»Aber vor den Pfefferkuchen dürft ihr Julplätzchen backen«, sagt Oma Inga. »Den Teig habe ich noch nicht gemacht. Wollt ihr das tun?«

Klar wollen wir! Und dann verrühren wir Eier und Butter, Zucker und Zimt, eine Prise Salz und einen Teil Mehl zu einem Teig. Zum Schluss kneten wir ihn noch abwechselnd mit dem restlichen Mehl zu einem dicken Klumpen. Wie gut, dass Oma Inga unsere Finger immer wieder mit Mehl bestäubt, sonst würde der Teig daran pappen wie Klebstoff.

»Du siehst so lustig aus, Leni.« Frida zeigt mit dem Finger auf meine Haare. »Du hast weiße Haare wie eine Oma!«

Ich puste ein bisschen Mehl von meiner Hand in ihr Gesicht. »Und du siehst aus wie ein Gespenst!«

»Ich glaube, ich räume hier mal besser auf«, unterbricht Oma Inga unsere kleine Küchenschlacht. Sie nimmt den Julplätzchenteig, packt ihn in den Kühlschrank und holt stattdessen den Pfefferkuchenteig heraus. »Auf geht es, Mädchen!«

In diesem Moment klingelt das Telefon, und Oma Inga verschwindet im Flur. Frida und ich breiten trotzdem schon mal ein paar Lagen Backpapier auf dem Boden aus und

fischen zwei große Wellhölzer aus Oma Ingas Schubladen.
»Es war Kimi«, erklärt Oma Inga, als sie zurückkommt. »Das Eishockeyspiel und euer Schlittschuhlaufen muss für heute leider abgesagt werden. Das Feld ist komplett zugeschneit, das können die Jungs erst morgen freiräumen, denn jetzt wird es ja auch schon bald dunkel.«

»Wusste ich es doch«, murmelt Frida enttäuscht. »Viel zu viel Schnee. Das dauert eine Ewiglichkeit, bis die Jungs das Spielfeld freigekriegt haben. Leni, du musst mit Paula telefonieren und es ihr sagen.«

»Sagen nicht, Paula telefoniert nicht gern. Aber ich kann es ihr schreiben.«

Ich ziehe mein Handy aus der Jackentasche und schicke eine kurze Nachricht an meine Schwester, die sie sofort mit einem weinenden Smiley beantwortet. Arme Paula, wahrscheinlich hatte sie sich schon seit Stunden aufgebrezelt und die Haare geglättet und all so was.

Da fällt mir noch was ein.

»Wie komme ich nachher überhaupt nach Hause? Ich meine, bei dem ganzen Schnee?«

Oma Inga lächelt. »Wir fahren dich natürlich. Es hat ja schon zu schneien aufgehört. Der alte Lasse wird die Straße für uns einigermaßen freiräumen.«

Der alte Lasse ist so was wie die Stadtreinigung von Lillesund, erklärt mir Frida. Sobald Schnee gefallen ist, düst er mit seinem Fahrzeug los und fegt die Straßen frei. So kommen trotzdem alle pünktlich zur Arbeit oder nach Hause.

Anders als bei uns in Frankfurt, wo Schnee sofort zum totalen Verkehrschaos führt.

Jetzt bin ich beruhigt und dränge darauf, dass wir endlich mit dem Plätzchenbacken weitermachen. Frida und ich robben auf Knien auf dem Boden herum und stechen Herzen, Sterne, Männchen und Elche aus. Dazu dudelt schwedische Weihnachtsmusik aus dem Radio, und ab und zu singt Frida ziemlich falsch mit.

Später sitze ich mit einer großen Kiste voller duftender Kekse neben Frida auf der Rückbank von Oma Ingas Auto. Obwohl es schon ziemlich alt ist, ruckelt es tapfer die Straße am Pöl entlang. Das vereiste Wasser funkelt im Licht der Scheinwerfer, fast so, als hätte jemand Glitzersternchen auf den Pöl geworfen. Das sieht so schön aus, dass ich mich wie verrückt aufs Schlittschuhlaufen am nächsten Tag freue. Ausnahmsweise hoffe deshalb sogar ich darauf, dass es nicht wieder zu schneien anfängt.

Als wir am Ferienhaus ankommen, erwartet uns Oscar. Während Oma Inga meinen Eltern die Plätzchen überreicht, springt er um Frida und mich herum, bellt wie verrückt und hüpft dann wie ein kleines Lamm durch den frischen Schnee, in dem er fast versinkt. Ganz klar: Er will uns unbedingt etwas zeigen!

»Guck mal, Leni! Archie ist zurück«, flüstert Frida mir zu und zeigt auf Spuren im Schnee, die eindeutig zum Schuppen führen. »Ganz bestimmt. Er ist tatsächlich zurückgekommen.«

»Es könnte doch auch ein anderes Tier sein, oder?« Ich knie mich auf den Boden und sehe mir die Abdrücke genauer an. »Ein Reh oder was noch Kleineres.«

»Ts, ts, ts, Leni. Du musst noch viel lernen«, erklärt meine Freundin angeberisch. »Wenn die nicht von Archie sind, esse ich morgen einen Schneeball. Einen großen!«

»Die Wette gilt.« Ich halte ihr die Hand zum Einschlagen hin und tätschele Oscar sanft den Kopf. »Gut gemacht, mein Süßer. Aber im Schuppen musst du ganz leise sein, falls Frida recht hat. Okay?«

Doch als wir schließlich zu dritt im Schuppen stehen, bringt die Oscar-Ermahnung gar nichts: Mein Hund dreht trotzdem durch und kläfft wie wild. An Archie liegt das allerdings nicht.

»Sieh mal, Frida«, sage ich ziemlich baff, aber auch ein bisschen triumphierend, weil ich recht hatte. »Archie hat sich aber ganz schön verändert.«

Ich schnappe mir Oscar und nehme ihn sicherheitshalber auf den Arm. Mit Katzen hat er es wirklich nicht so. Auch nicht, wenn sie sich im Stroh gemütlich zusammengerollt haben und schlafen, so wie die vor uns. Das grau-weiß gestreifte Tier muss ganz schön müde sein, jedenfalls kriegt es nicht mal was von Oscars Bellen und Knurren mit.

»Menno«, murmelt Frida enttäuscht. »Ich war mir total sicher, dass er zurück ist.«

Ich lege ihr die Hand auf die Schulter. »Ich hätte mich auch gefreut, Archie wiederzusehen. Aber eigentlich heißt es doch nur, dass es ihm gut geht.« Und dann fällt mir noch etwas ein, womit ich Frida auf andere Gedanken bringen kann. »Weißt du, auf was ich mich morgen am allermeisten freue? Außer auf das Eishockeyspiel und auf das Schlittschuhfahren?«

Frida schüttelt den Kopf.

»Darauf, wie du den Schneeball isst«, gluckse ich. »Das wird die beste Eiskugel deines Lebens!«

13

Im dreizehnten Kapitel läuft nichts so, wie Frida es geplant hat, und trotzdem gewinnt sie

Zwei Tage vor Weihnachten stehen Frida, Paula, Oscar und ich am Rand des Spielfeldes, das Kimi und seine Freunde mit vereinten Kräften freigeschaufelt haben. Vor uns auf dem Eis geht es rasant zu. Neun Jungs, alle ungefähr in Kimis Alter, liefern sich ein spannendes Spiel. Zwei stehen im Tor, einer macht den Schiedsrichter, die anderen sind Feldspieler.

»Wuff, wau-wau, wuff«, kläfft Oscar aufgeregt und rast am Ufer entlang. Vorsichtshalber macht er nicht den allerkleinsten Schritt aufs Eis. Das hat er gleich zu Anfang getestet und vermeidet jetzt jeden Kontakt mit der Eisfläche.

»Oscar, du Weichei«, schimpfe ich ihn lachend.

Seitdem das Spiel im Gange ist, ist Paula wie ausgewechselt. Oder nein, eigentlich ist sie so wie früher ... also, bevor sie wegen ihrem doofen Exfreund ständig schlechte Laune hatte. Sie strahlt übers ganze Gesicht und feuert die Jungs total laut an. Nur leider nicht so, wie Frida es sich vorgestellt hat.

»Irgendwas läuft verkehrt«, raunt Frida mir leise zu. »Paula schwärmt die ganze Zeit Levin an. Aber so ist mein Liebeszauber nicht gedacht. Sie soll sich doch in meinen Cousin verknallen. Wenn ihr dann in den Sommerferien alle wieder zu uns kommt, sind wir wie eine große Familie.«

Der Gedanke ist prima. Trotzdem zucke ich mit den Schultern und gebe leise zurück: »Ist doch eigentlich egal, in wen sie sich verknallt, Frida. Hauptsache, sie denkt nicht mehr an ihren blöden Tim und nervt uns alle ständig mit ihrer miesen Stimmung. Und in den Sommerferien kommen wir so oder so wieder hierher. Das haben Mama und Papa versprochen.«

Doch ausnahmsweise ist Frida nicht meiner Meinung. »Ja, für Paula mag das gut sein, aber jetzt ist Kimi geknickt, weil sie immer nur Levin anlächelt«, flüstert sie mir ins Ohr. »Und bis jetzt habe ich noch nicht gemerkt, dass Levin zurücklächelt. Der schaut die ganze Zeit zu den Mädchen aus Lillesund, nicht zu deiner Schwester.«

»Jetzt seid doch mal leise«, werden wir prompt von Paula angemotzt. »Das Spiel geht in die entscheidende Phase.«

»Hä?«, mache ich. »Seit wann kennst du dich denn mit Eishockey aus?«

Doch Paula ist wie im Rausch. Anscheinend ist sie über Nacht zur Eishockeyexpertin geworden, denn nun beginnt sie doch tatsächlich, das Spiel für uns zu kommentieren.

»Es steht 5 : 5, und es sind nur noch zwei Minuten zu spielen. Jetzt geht es um alles! Welches Team schafft noch einen Angriff und versenkt den Puck im Tor der gegnerischen Mannschaft? Ich tippe auf Levins Mannschaft.«

»Wahuuuu«, bellt Oscar zur Bestätigung. Oder weil er Kimi gut und Levin doof findet?

»War ja klar«, brummt Frida mir zu. »Und was wird jetzt aus Kimi? Wenn's ganz verquält kommt, muss ich mir für ihn dann auch noch einen Liebeszauber ausdenken. Und für Levin sowieso, wenn der sich nicht gleich in Paula verliebt.«

»Pssst!«, motzt Paula uns wieder an. »Ihr lenkt die Spieler mit eurem Gequatsche nur ab.«

Auweia, meine Schwester ist echt ... ähm ... irre. Eishockey-irre!

Die Feldspieler nehmen Aufstellung zum Bully im Mittelkreis, wie sie es schon ganz viele Male getan haben. So lauten die Spielregeln, hat uns Superexpertin Paula übrigens auch schon erklärt. Der Schiedsrichter hebt die Hand, pfeift und lässt den Puck fallen. Sofort beginnt die wilde Jagd um die kleine schwarze Scheibe, den Puck, wie der Spielball im Eishockey genannt wird. Levin geht als Sieger daraus hervor, was Paula wild bejubelt. Genau wie die zahlreichen Mädchen aus Lillesund, die am Rand des Spielfeldes stehen und ihn anhimmeln. Und Levin wirft ihnen allen Kusshände zu. Allen. Außer Paula.

Jetzt ist Levin am Zug. Er schlägt den Puck quer übers Eis zu einem Jungen aus seinem Team. Doch Kimi gelingt es, vor Levins Mitspieler den Puck vor den Schläger zu bekommen. Rasant treibt er die Scheibe wieder zurück in die andere Spielfeldhälfte.

»Mist!«, ärgert sich Paula, woraufhin Frida die Mundwinkel nach unten zieht und Oscar meiner Schwester mitleidige Blicke zuwirft. Was der sich wohl denkt!?

Doch lange behält Kimi den Puck nicht vor seinem Schläger, er passt rüber zu einem seiner Teamkollegen, und – *zosch!* – schon hat Levin den Puck wieder zurückerobert. »Yeah! Levin, go on!«, kreischt Paula.

Kimi schaut kurz zu uns herüber. Ich habe fast den Eindruck, dass Frida recht haben könnte – er sieht eindeutig geknickt aus. Jetzt tut er mir doch ein bisschen leid. Aber vor allem habe ich die Nase voll von diesem ganzen Liebesquatsch! Wenn das immer nur so kompliziert ist, also dass irgendeiner dabei traurig wird, dann will ich so was echt nie-nie-niemals selbst erleben.

Kimi fährt hinter Levin her und versucht, ihm den Puck wieder abzujagen. Doch der spielt die Scheibe quer über das Feld zu einem seiner Teamkollegen. Danach prescht Levin in einer Mordsgeschwindigkeit bis kurz vors gegnerische Tor. Sein Teamkollege spielt den Puck zu ihm zurück, Levin holt aus und donnert die Scheibe mit einem knallharten Schuss ins Tor.

»Yeah!«, brüllt Paula und springt wie verrückt auf der Stelle herum. Wie gut, dass sie die Schlittschuhe noch nicht angezogen hat, sonst läge sie jetzt bestimmt auf der Nase.

Zwei Sekunden später pfeift der Schiedsrichter das Spiel ab. Levins Team hat gewonnen und jubelt lauthals.

Doch Kimis Team erweist sich als fairer Verlierer, die Jungs gratulieren den anderen lachend und scheinen die Niederlage nicht allzu ernst zu nehmen.

Paula hingegen kriegt sich vor lauter Freude überhaupt nicht mehr ein. Als Kimi zu uns an den Spielfeldrand gefahren kommt, lächelt sie ihn zwar tröstend an, doch im nächsten Moment schenkt sie Levin so ein strahlendes Begeisterungslächeln, das Kimi direkt wieder zurück aufs Feld gleitet.

»Armer Kimi«, bedauert Frida ihren Cousin.

»Und arme Paula«, stelle ich fest, während ich dabei zugucke, wie Levin sich von den Mädchen am Rand beglückwünschen lässt. »Levin beachtet sie leider kein bisschen. Ich glaube, er hat sie noch nicht mal bemerkt. Kackmist!«

Kurze Zeit später haben Paula, Frida und ich unsere Schlittschuhe angezogen und wagen uns vorsichtig auf die freigeschippte Eisfläche. Obwohl der Pöl natürlich überall dick zugefroren ist, können wir trotzdem nur auf dem Eishockeyfeld fahren, denn überall drum herum ist der Schnee zu hoch.

Frida und ich halten uns an den Händen und drehen so eine Runde nach der anderen. Anfangs bin ich echt froh, dass Frida mich hält, schließlich habe ich schon ewig nicht auf Schlittschuhen gestanden und noch nie außerhalb einer Eishalle. Dort ist die Fläche glatt und sauber gefegt, hier auf dem See ist der Untergrund ganz anders, mit tiefen Kerben und kleinen Erhebungen – eben so richtig ursprünglich. Doch nach und nach werde ich immer sicherer und traue mich, Fridas Hand loszulassen.

Ich gleite übers Eis, der Wind weht mir ins Gesicht, der glitzernde Schnee um mich herum ist herrlich. Ich komme mir fast wie die Eisprinzessin vor und könnte vor lauter Glück juchzen. Wie unbeschreiblich schön der Winter in Schweden doch ist. Wow!

Irgendwann kriege ich richtiges Seitenzwacken vom Fahren und muss eine kleine Pause einlegen.

Frida steht am Rand und guckt eindeutig angestrengt.

»Levin kümmert sich überhaupt nicht um Paula, und Kimi ist weg«, brummt sie.

»Weg? Wohin denn?«, keuche ich atemlos.

»Er muss erst mal ein bisschen daran knabbern, dass Paula ihn nicht wiederliebt. Und danach will er was holen.«

»Wie? Was? Wovon sprichst du?«

»Ts, ts, ts, Leni.« Frida schüttelt den Kopf. »Du verstehst wieder nur Bahngleis. In Kimi will sich deine Schwester nicht schockverlieben, deshalb hatte er jetzt keine Lust mehr zu bleiben.«

Ich seufze. »Meinst du, Kimi wird darüber hinwegkommen?«

Zu meiner Überraschung winkt Frida lässig ab. »Klar doch,

Kimi verknallt sich ständig in irgendein Mädchen, und genauso schnell entknallt er sich auch wieder. Deshalb war ich mir ja auch sicher, dass er sich sofort in Paula vergucken wird. Er ist wahrscheinlich nur ein bisschen beleidigt, weil er spürt, dass Paula Levin besser findet. Viel blöder ist, dass jetzt alle sauer sind, weil ihnen ein Spieler fehlt.«

»Ach so.« Jetzt habe auch ich es endlich kapiert. Die Jungs wollen natürlich noch weiterspielen.

Frida zuckt mit den Schultern.

»Na ja, dann muss ich halt einspringen.«

»Was? Du? Kannst du denn Eishockey spielen? Ich meine, Frida, sei mir nicht böse, aber die Jungs fegen dich doch weg. Du bist fast zwei Köpfe kleiner als die.«

Frida grinst. »Aber dafür bin ich viel geschickter. Du wirst schon sehen, Leni, das nächste Spiel gewinnt meine Mannschaft.«

Und tatsächlich, als sich die Teams zu einem neuen Spiel aufstellen, ist Frida diejenige, die am flinksten übers Eis prescht. Die Jungs haben richtig Mühe, mitzuhalten. Ich bin echt beeindruckt. Fast so wie Paula von Levin, der ihr ein Dauergrinsen ins Gesicht gezaubert hat.

Am Ende gewinnt Fridas Team, und zwar richtig haushoch. Und noch was anderes ist richtig klasse: Kimi kommt zurück und hat anscheinend wieder gute Laune, denn er grinst von einem Ohr zum anderen. Er ruft den anderen etwas auf Schwedisch zu und deutet dabei auf die große Schale, die er in den Händen hat.

»Oh, wie fein, Kimi hat wirklich die Zimtschnecken von unserer Oma geholt«, freut sich Frida.

Im nächsten Moment ist Kimi von den Jungs umringt. Kein Wunder, so ein Vormittag auf dem Eis macht ganz schön hungrig. Paula tänzelt auf ihren Schlittschuhen ein bisschen um die Gruppe herum, aber leider bemerkt Levin sie immer noch nicht.

Frida drängelt sich zwischen den anderen durch und ergattert gleich zwei superlecker aussehende Zimtschnecken. Oscar springt natürlich gleich an ihr hoch, als er merkt, dass sie etwas Essbares ans Ufer trägt.

Wie die Zimtschnecken duften, herrlich!

Doch statt mir eine abzugeben, raunt Frida mir plötzlich verschwörerisch zu: »Es gibt doch noch eine Chance für meinen Liebeszauber, Leni. Die Zimtschnecken, die Kimi hergebracht hat, sind gleich nicht mehr einfach nur ganz normale Zimtschnecken. Ich werfe meinen Liebeszauber über sie.«

Ich grinse und meine es gar nicht böse. Aber was ich von Fridas magischen Fähigkeiten zu halten habe, weiß ich ja inzwischen.

»Du musst nämlich wissen, Leni, dass es sich in ein paar Sekunden um fliegende Zimtschnecken handelt«, behauptet Frida und guckt dabei noch ein bisschen geheimnisvoller.

Schon klar, denke ich.

Frida beginnt sich im Kreis zu drehen. Dabei murmelt sie immer wieder »Hopuspokuss« und wedelt die Hände wie eine echte Magierin.

Ich schaue ihr staunend zu, auch wenn ich nicht kapiere, was sie vorhat oder was das Ganze überhaupt bringen soll. Erst recht nicht, als Frida plötzlich eine Zimtschnecke in die Höhe hält und ... mich trifft fast der Schlag ... genau auf meine Schwester zielt!

14

Fliegende Zimtschnecken sorgen im vierzehnten Kapitel wirklich für großen Liebeszauber, und ich lache mich fast kaputt

Ich bin unglaublich beeindruckt davon, wie lange Frida die Position mit dem gehobenen Arm und der Zimtschnecke in der Hand aushalten kann. *Meiner* Zimtschnecke wohlgemerkt, denn die andere hat sich Frida einfach in ihre Jackentasche gestopft. Dabei habe ich so einen riesigen Appetit darauf.

»Du musst jetzt mal verzichten, Leni. Das ist doch für einen guten Zweck. Für das Liebesleben deiner Schwester! Und falls beim ersten Versuch etwas schiefgeht, muss ich neue Munition haben«, raunt sie mir zu.

»Und wenn du beim ersten Versuch gleich triffst?«, raune ich zurück.

»Dann futtere ich die andere Zimtschnecke auf. Die habe ich mir damit verdient. Oder willst du werfen?«

Natürlich schüttele ich den Kopf. So magisch wie Frida kann ich das mit Sicherheit nicht.

Frida wartet also wurfbereit am Rand des Pöl, gespannt wie ein Flitzebogen. Erst als das Ziel – also Paula – genau da steht, wo sie es haben will, wirft sie das Gebäckstück. Direkt an Paulas Stirn.

Klatsch!

Frida hat mit solcher Kraft geworfen, dass meine Schwester, die sowieso nicht supersicher auf den Schlittschuhen ist, rückwärtstorkelt. Wahrscheinlich liegt es noch mehr am Schreck als an der Wucht der Zimtschnecke, aber auf jeden Fall verliert Paula die Kontrolle über ihre Schlittschuhe und fällt plötzlich volle Kanne ... in Levins automatisch ausgestreckte Arme.

»Volltreffer!« Frida grinst mich an.

Das, was jetzt passiert, ist echt filmreif!

Paulas Sturz hat die anderen auf der Eisfläche so erschreckt, dass sich zunächst alle in Sicherheit gebracht haben und nun einen Halbkreis um Paula und Levin bilden. Die beiden scheinen ihre Umwelt überhaupt nicht mehr wahrzunehmen. Wie ein echter Gentleman hat Levin meiner Schwester aufgeholfen; jetzt streicht er ihr sanft die Haare aus dem Gesicht. Obwohl Paula längst wieder auf ihren eigenen Füßen steht ... also auf ihren Schlittschuhen ... hält er sie immer noch im Arm. Und jeder, wirklich jeder, sogar hier am Ufer, kann es sehen: Paula himmelt Levin an, und ... Levin scheint völlig hin und weg zu sein von meiner Schwester. Es ist, als würde er sie gerade zum ersten Mal überhaupt wahrnehmen. Und wenn es wo weitergeht, ist es nur noch eine Frage von Sekunden, bis er sich traut, sie zu küssen. Mindestens minutenlang.

Uaaaargh!!!

»Siehst du das, was ich sehe?«, fragt Frida. Sie zieht zufrieden die zweite Zimtschnecke aus ihrer Tasche und teilt sie in genau gleiche Hälften. »Oder hast du wirklich gedacht, Semmel, dass ich sie allein aufesse?«

»Du bist wirklich eine Zauberin, Frida«, antworte ich nur.

Danach stehen wir kauend am Ufer und sehen der großen schwedischen Romanze zu, die gerade vor uns gespielt wird. Mit einer lässigen Geste wimmelt Levin die Mädchen aus Lillesund ab, die sich sofort wieder auf ihn stürzen wollen. Stattdessen legt er den Arm um Paula und ...

»Jetzt schlittern sie gemeinsam zum Regenbogen«, sagt Frida und seufzt herzzerreißend.

»Zu welchem Regenbogen?« Ich sehe mich um.

»Das ist doch nicht ernst gemeint.« Frida verdreht die Augen. »So ist das doch immer in den Filmen.«

»Ah, klar ... verstehe.«

»Wuff«, macht Oscar, als hätte er das Ganze jetzt auch kapiert. Und weil ich ihn nicht beachte, setzt er gleich noch ein »Wau-wau, wauuuuu« hinterher.

Erst in diesem Moment sehe ich es: Mein kleiner Oscar hat sich die Zimtschnecke geschnappt, die Frida meiner Schwester an den Kopf geworfen hat, und futtert sie jetzt so schnell auf, dass ich gar nichts dagegen machen kann.

»Oscar, du bist doch nicht etwa aufs Eis gelaufen, um dir

das Ding zu holen?« Ich wuschele ihm übers Fell. »Fridas fliegende Zimtschnecken zaubern also nicht nur Schmetterlinge in den Bauch, sie sorgen auch für großen Mut bei kleinen Hunden.«

Frida nickt. »Fliegende Zimtschnecken sind ein Allerheilmittel. Geht immer.«

»Allerdings hätte ich schon gern ein bisschen mehr davon gehabt als dieses Ministück«, gebe ich zu. »Ich habe Hunger! Wie spät ist es eigentlich?«

»Ganz genau Mittagessenszeit«, erklärt Frida. »Meinst du, ich darf bei euch mitessen?«

»Bestimmt«, sage ich. Da fällt mir die Wette ein, die wir gestern abgeschlossen haben, und ich füge hinzu: »Ich weiß auch schon, was du isst, Frida.«

Frida sieht mein Grinsen und weiß sofort, was ich denke. Sie hebt flehend die gefalteten Hände.

»Leni, du bist doch meine allerallerbeste Brustfreundin. Willst du mir das wirklich antun?«

Ich nicke stumm, laufe auf die Wiese neben dem Pöl, rolle eine handtellergroße Kugel aus frischem, unberührtem Schnee und halte sie Frida hin.

»Guten Appetit!«

Ich lache mich fast kaputt über Fridas Gesicht, als sie den fetten Klops vor sich sieht, den sie jetzt ganz und gar aufessen soll. Ihre Lippen sehen schon blaugefroren aus, bevor sie in den Schneeball beißt. Aber danach sind sie so richtig blaubeersuppenblau.

Das ist das Zeichen für mich, dass ich meine Freundin nicht weiter quälen sollte.

»Ist gut, Frida.« Ich schlage ihr die Kugel aus der Hand.

»Ich will dich nicht verärgern, sonst verhext du mich noch mit irgendeinem Spruch aus deinem Zauberbuch.« Ich grinse schief.

»Ja, ja, sieh dich bloß vor, Leni, sonst verwandele ich dich in einen Elch. Einen rülpsenden natürlich«, meint Frida. Dann lacht sie und zieht mich an der Hand Richtung Ferienhaus. Paula müssen wir gar nicht erst fragen, ob sie mitkommen will, die schwebt noch immer mit Levin übers Eis. Oder eher auf Wolke sieben ...

Dafür erleben wir bei unserer Ankunft gleich die zweite Überraschung des Tages. Also nicht, dass mein Vater oder meine Mutter mal etwas Ordentliches gekocht hätten. Es gibt Tiefkühlpizza.

Die eigentliche Überraschung ist, dass Mama eine richtig tolle Idee hatte!

»Ich habe uns für heute Nachmittag zum Christbaumschlagen eingeladen. Es sind ja nur noch zwei Tage bis Weihnachten, und wir haben noch keinen Baum. Ohne Tannenbaum kann ich auch in Schweden nicht richtig feiern.« Sie sieht sich suchend um. »Äh ... wo bleibt eigentlich Paula? Wart ihr nicht zusammen beim Schlittschuhlaufen?«

»Ist was passiert?«, schaltet Papa sich ein und springt vor Sorge gleich von seinem Stuhl auf.

»Alles okay«, beruhigt Frida. »Obwohl wirklich was passiert ist, aber was total Gutartiges. Paula und Levin sind jetzt nämlich Schockverliebte und schweben gerade zusammen im Himmel.«

Darüber muss ich schon wieder so lachen, dass mir mein Hungerbauch noch mehr wehtut.

Mama und Papa sehen Frida mit verständnislosen Augen an.

»Was Frida sagen wollte, ist, dass sich Paula wohl ziemlich in einen schwedischen Jungen namens Levin verknallt hat und gerade noch mit ihm Schlittschuh läuft«, erkläre ich deshalb meinen Eltern.

»Oh, ähm ... prima. Ich meine, dann können wir ja hoffen, dass sie endlich über Tim hinweg ist.« Mama atmet erleichtert auf.

»Das wäre wirklich schön«, findet auch Papa. »Diese Weltschmerz-Phase war echt anstrengend, um es mal vorsichtig auszudrücken. Darauf sollten wir anstoßen, Marie.«

Meine Mutter nickt. »Gute Idee, Karl. Sieht so aus, als könnten wir uns doch noch auf ein entspanntes Weihnachten freuen.« Und zu mir gewandt: »Wie ist es denn nun aber so schnell dazu gekommen? Ich meine, Paula hat bislang nichts von diesem Levin erzählt ... zumindest mir nicht.«

»Das kommt davon, weil sie ihn erst heute kennengelernt hat«, sage ich.

Mama guckt verdutzt. »Und dann hat sie sich direkt in ihn verguckt?«

»Schockverliebt!«, verbessert Frida sie.

»Das ist ja verrückt«, findet Mama.

Doch Frida klärt sie auf: »Nö, nicht verrückt. Einfach nur ein Liebeszauber. *Mein* Liebeszauber!«

»Das müsst ihr unbedingt genauer erzählen«, meint Papa.

»Am besten bei einer Kugel Vanilleeis. Ich habe vorhin nämlich noch einen leckeren Nachtisch für uns besorgt.« Er zwinkert Frida und mir zu. »Mir scheint so, als hättet ihr beiden unbedingt eine Belohnung verdient.«

Frida und ich sehen uns an, schütteln auf Kommando den Kopf und rufen gleichzeitig: »Bloß keine Eiskugel. Bäh! Bitte nicht!«

15

Im fünfzehnten Kapitel retten wir einen traurigen Weihnachtsbaum und bekommen dafür Ärger mit dem Bewohner

»Ich denke, dort hinten bei dem Mann kann man sich fürs Weihnachtsbaumschlagen anmelden«, sagt Papa und deutet auf einen rundlichen Typen mit dunklem Rauschebart, der fast wie ein Weihnachtsmann aussieht. Er steht neben einem kleinen Holzstand, wie man sie sonst eher auf Weihnachtsmärkten sieht, aber nicht mitten im Wald.

Papa begrüßt den Mann und fragt ihn dann auf Englisch, wie das Ganze organisiert ist. Der Mann hat eine echt brummige Stimme, doch die vielen kleinen Fältchen um seine Augen und in den Mundwinkeln verraten, dass er gerne lacht. Das macht ihn mir gleich wieder sympathischer; für einen kurzen Moment hatte ich mich fast ein wenig vor ihm gefürchtet.

Nachdem Papa von dem Vollbartmann eine kleine Axt ausgehändigt bekommen hat, marschieren wir los, um unseren Christbaum auszuwählen. Frida, Oscar und ich laufen aufgeregt zwischen den vielen Bäumen hin und her. Obwohl wir echt spät dran sind, ist die Auswahl immer noch riesig. Damit hätte ich gar nicht gerechnet. In Frankfurt bekommt man zwei Tage vor Heiligabend kaum noch Weihnachtsbäume. Aber hier ist sowieso ein Baum schöner als der andere, sodass ich mich einfach nicht entscheiden kann. Ein paarmal denke ich schon: *So, das ist er, eindeutig!* Aber dann ruft Frida jedes Mal: »Leni, sieh mal den hier an. Ist der nicht einfach nur prächterich?!« – Und prompt bin ich wieder unentschlossen.

»Leni, Frida, ich will nicht drängen«, sagt Papa nach einer ganzen Weile, »aber so allmählich solltet ihr euch entscheiden. Sonst suchen Mama und ich einen aus. Es wird bald wieder dunkel, und da möchte ich ungern im Wald herumirren.«

Mama stimmt ihm zu. »Außerdem wollten wir den Baum doch auch noch schmücken und die Einkäufe für morgen erledigen. Am Weihnachtstag möchte ich alles, nur keinen Stress haben.«

Ich würde mich ja wirklich gerne entscheiden, aber alle Bäume sind einfach nur wunderwunderschön. Ich bin mir sicher, dass ich noch niemals so viele absolut perfekt gewachsene Christbäume bei uns in Deutschland gesehen habe. Deshalb fällt mir die Wahl so verdammt schwer.

»Und was sagst du zu diesem hier?«, fragt mich Frida und zeigt dabei auf einen ... ähm ... nun ja, alles andere als perfekt gewachsenen Baum. Die Tanne ist eher mickrig als prächtig, die Spitze ziemlich schief und das Nadelgeäst an einigen Stellen so spärlich, dass wir schon sehr viel Weihnachtsschmuck bräuchten, um die ganzen Lücken zu füllen.

»Schön ist der aber nicht«, murmele ich skeptisch.

Frida guckt mich bittend an. »Genau darum wird ihn sonst auch keiner auswählen, und er muss zurückbleiben. Jahr für Jahr. Und jedes Mal wachsen neue wunderschöne Bäume nach, und er steht hier immer noch und fragt sich bestimmt, woran es liegt, und dann wird ihm bewusstlich, dass es an ihm liegt, weil er eben so hässlich ist und …«

»Stopp! Hör auf!«, rufe ich lachend. »Ich habe es schon kapiert. Wir müssen den armen, krummen Kerl retten, weil er sonst irgendwann todtraurig ist.«

Frida nickt. »Ja, ich finde, das sollten wir unbedingt tun.«

Also laufe ich zu Papa und zeige ihm, welchen Baum er fällen soll.

»Den da?« Papas Augen werden so groß wie Untertassen.

Mama schüttelt prompt den Kopf. »Nein, Leni, den finde ich nicht schön. Hier stehen so viele prächtige Bäume herum, warum sollten wir uns ausgerechnet für den hässlichsten entscheiden?«

Ich seufze tief. Manchmal sind Eltern echt schwer von Begriff.

»Das ist doch wohl logisch! Weihnachten ist schließlich ein Fest der Barmherzigkeit und Liebe. Ich finde, damit kann man gleich mal bei der Wahl des Christbaums anfangen und den nehmen, der nicht unbedingt von allen am meisten bewundert wird.«

Nun gucken Mama und Papa noch ungläubiger. Allerdings aus einem anderen Grund, wie ich gleich darauf feststelle. »Leni, wow, das finde ich großartig von dir«, sagt Mama. »Ich meine, dass du dir tatsächlich Gedanken über den Sinn von Weihnachten machst.«

Papa nickt. »Respekt, Leni.«

Bei so viel Lob werde ich tatsächlich rot. Auch, weil Frida eigentlich diejenige ist, die gelobt werden sollte. Also stelle ich klar: »Frida hat ihn entdeckt! Ich hätte ihn ohne sie gar nicht gesehen.«

Nun bekommt Frida ganz rote Wangen und winkt verlegen ab. Ups, ich wusste gar nicht, dass es irgendetwas gibt, das meiner verrückten schwedischen Freundin unangenehm ist.

»Dann natürlich ein Dankeschön an euch beide, dass ihr uns daran erinnert habt, warum wir das Weihnachtsfest eigentlich feiern«, sagt Papa und klingt dabei richtig feierlich.

Obwohl der Baum einen ziemlich dünnen Stamm hat, dauert es eine Ewigkeit, bis Papa ihn endlich komplett geschlagen hat. Mit vereinten Kräften tragen wir ihn zu dem Vollbartmann, der ihn genauso skeptisch betrachtet wie Mama und Papa vorhin. Aber er sagt nichts, und das ist auch gut so, denn Frida hat schon das Kinn vorgestreckt, als wollte sie unseren hässlichen Baum gegen jede Beleidigung verteidigen.

Der Mann stopft die Tanne in dieses merkwürdige Gerät, das ich schon von zu Hause kenne und aus dem sie verschnürt wie eine Pellwurst wieder herauskommt. Dann hilft er uns noch dabei, den Baum auf den Autodachgepäckträger zu hieven und ihn dort fest zu verschnüren. Anschließend brummt er einen Weihnachtsgruß und stampft zu seinem kleinen Holzstand zurück.

Zur Sicherheit kontrolliert Papa noch mal, ob auch wirklich alles fest verschnürt ist – da passiert es.

»Woooaaah!«, brüllt Papa erschrocken und macht einen Satz nach hinten. Im nächsten Moment liegt er der Länge nach im Schnee. Dabei wedelt er mit den Händen und versucht anscheinend, irgendetwas abzuwehren. Etwas Plüschiges ... Felliges ... Braunes ...

Oscar springt wild kläffend um Papa herum.

»Ein Eichhörnchen«, schreit Frida in den Lärm hinein.

Tatsächlich, Papa rangelt mit einem Eichhörnchen. Ich kann es kaum glauben.

»Karl, was machst du denn da?«, ruft Mama aufgeregt.

Doch Papa antwortet nicht, er hat

nämlich im wahrsten Sinne des Wortes alle Hände voll mit dem Tier zu tun, das eindeutig total stinkig auf ihn ist. So stinkig, dass nicht mal mein kleiner Hund sich traut, Papa irgendwie zu Hilfe zu kommen. Er bleibt lieber auf Abstand.

»Achtung ... ich komme!«, ruft Frida hingegen. Sie macht einen Satz nach vorne und schnappt sich todesmutig das Eichhörnchen.

Kaum hält sie den wütenden Kerl in den Händen, da entwischt er ihr allerdings auch schon wieder. Im Zickzackrenngalopp sprintet der Kleine durch den Schnee zum nächsten Baum rüber und huscht den Stamm hinauf. Von dort aus geht es so flink weiter, dass wir ihn schon nach wenigen Augenblicken aus den Augen verloren haben.

»Wau-wau-wau!«

Nun bewegt sich Oscar auch endlich mal. Er rennt los und umrundet wild kläffend den Baum, auf den das Eichhörnchen verschwunden ist. Dabei sitzt es da bestimmt längst nicht mehr. Na ja, zum Wachhund taugt er eindeutig nicht. Obwohl er immer ein Riesentheater veranstaltet, wenn wir bei unseren Spaziergängen in Frankfurt auf Katzen treffen. Vermutlich ist das alles nur Show. Wenn ich ihn tatsächlich von der Leine ließe, würde Oscar wohl eher die Flucht antreten statt einer Verfolgung.

Inzwischen hat sich Papa mühsam vom Boden aufgerappelt. »Das habe ich doch gerade nur geträumt, oder?«, keucht er, schüttelt seinen Kopf und klopft sich dabei den Schnee von seinen Klamotten ab.

Mama kommt ihm zu Hilfe. »Nein, hast du nicht, Karl. Auch wenn es total verrückt klingt, aber du wurdest gerade tatsächlich von einem ziemlich wütenden Eichhörnchen angegriffen.«

»Und ich bin die Unschuldige«, murmelt Frida geknickt. Ich schätze, sie meint die Schuldige. Aber auch das ist Quatsch. Wer kann denn schon ahnen, dass wir ausgerechnet einen Baum gewählt haben, auf dem ein Eichhörnchen wohnt?! Zumal ich echt nicht weiß, wo genau das Tierchen sich die ganze Zeit über versteckt hat, denn unserem Baum fehlt es ja eindeutig an dichten Zweigen.

»Niemand ist schuld«, findet Mama, während es um ihre Mundwinkel verräterisch zu zucken beginnt. »Oh, mein Gott, ich kann noch gar nicht fassen, dass Papa gerade mit einem Eichhörnchen um einen Christbaum gerangelt hat!«

Im nächsten Moment prustet sie los, und wir können nicht anders, als lauthals mitzulachen. Sogar Papa, der bestimmt den Schreck seines Lebens bekommen hat.

Nachdem wir den Baum noch mal sehr genau nach weiteren Bewohnern abgesucht haben, setzen wir uns endlich ins Auto und fahren zurück zum Ferienhaus – oder zumindest ist das der Plan. Doch während der Fahrt fällt Frida dann noch etwas ganz Dringendes ein.

»Ich habe die Wilden Hilden vergessen!«, ruft sie plötzlich. »Mama und Papa sind heute ganz früh zur Arbeit gefahren, und ich sollte doch den Stall machen und vor allem die Hilden füttern. Das habe ich wegen dem ganzen Liebeszauber total vergessen. Auweia, was bin ich doch für eine schlechte Hühnerhafterin.« Frida guckt so geknickt, dass Papa vorschlägt, auf direktem Weg zu den Hilden zu fahren.

Zu Hause bei Frida erwarten uns dann gleich zwei Überraschungen. Erstens sind die Hühner bestens versorgt – anscheinend haben Fridas Eltern das doch noch vor der Arbeit geschafft. Und zweitens ist aber ansonsten für *nichts gesorgt*. Kein Baum, kein Schmuck, kein gefüllter Kühlschrank – nirgends ist auch nur die kleinste Vorbereitung fürs Weihnachtsfest zu sehen!

»Feiert ihr Weihnachten etwa nicht?«, wundere ich mich.

Ich hatte irgendwie immer gedacht, dass Fridas Zuhause über und über weihnachtlich geschmückt sei.

Frida zuckt mit den Schultern. »Mama und Papa sind die ganze Zeit so sehr mit den Vorbereitungen im Kinderheim beschäftigt. Deshalb fehlt ihnen die Zeit und auch ein bisschen die Lust, bei uns zu Hause alles schön herzurichten. Aber das ist nicht schlimm, bei Oma ist es dafür umso festlicher. Und außerdem feiere ich Weihnachten ja sowieso bei ihr. Mama und Papa kommen dann später auch dorthin, wenn das Fest im Kinderheim vorbei ist«, erklärt sie leichthin.

Aber mir kann Frida nichts vormachen. Ich sehe ihr an, dass sie in Wahrheit ziemlich traurig ist. Auch wenn sie das niemals zugeben würde.

Als ich an diesem Abend ins Bett falle, kann ich nicht sofort einschlafen. Meine Gedanken kreisen immer wieder um Frida. Natürlich ist es wichtig und richtig, dass sich ihre Eltern so sehr um die Kinder im Heim bemühen. Aber ich finde, dabei dürfen sie doch ihre eigene Tochter nicht ganz vergessen.

Mag sein, dass ich das falsch sehe, aber bevor mir endlich die Augen zufallen, habe ich einen Entschluss gefasst.

16
Die Weihnachtsvorbereitungen für das große Fest laufen in diesem Kapitel auf Hochtouren

Auch wenn mich meine Eltern manchmal ganz schön nerven, am nächsten Tag könnte ich sie einfach nur knutschen! Nachdem ich den Morgen damit verbracht habe, zusammen mit Frida einen riesigen Schneemann zu bauen, musste sie dringend zu Oma Inga, um ihr bei den letzten Vorbereitungen fürs Weihnachtsfest zu helfen. Die Chance habe ich prompt genutzt und meine Eltern beim Mittagessen gefragt, ob wir Heiligabend mit Frida, ihrer Oma und ihren Eltern in ganz großer Runde bei uns im Ferienhaus verbringen könnten.

»Eine tolle Idee, Leni!« Mama drückt mir ein Küsschen auf die Wange.

»Weihnachten in Schweden und mit richtig vielen Leuten. Das wird bestimmt schön«, meint Papa.

Auch Paula strahlt in die Runde. »Cool!«

Seit sie von Fridas fliegender Zimtschnecke getroffen

wurde und direkt in Levins Arme gesunken ist, ist meine Schwester wie ausgewechselt. Mit ihrem Strahlen und dem Lächeln, das ständig auf ihren Lippen liegt, wirkt sie wie der Weihnachtsengel persönlich.

»Dann lasst uns mal mit den Vorbereitungen loslegen«, schlägt Papa vor.

»Stopp!« Ich halte ihn zurück. »Wir müssen doch erst Oma Inga fragen. Und die bespricht es dann am besten mit Fridas Eltern, denn ich weiß gar nicht, wie ich die erreichen kann.«

Papa schlägt sich an die Stirn. »Du hast natürlich völlig recht, Leni. Wir machen hier schon die Partyvorbereitung und haben nicht einmal die Gäste eingeladen. Ruf gerne gleich bei Oma Inga an, wenn du magst.«

Ich stürze ans Telefon und sprudele sofort los, als Fridas Oma abnimmt. Natürlich ist sie einverstanden; ich habe ehrlich gesagt mit nichts anderem gerechnet. Und nicht nur das – Oma Inga glaubt, dass es Fridas Papa total gut gefallen wird, endlich mal wieder Deutsch zu sprechen und deutsche Weihnachtslieder zu singen. Das fehlt ihm nämlich, seit er vor vielen, vielen Jahren nach Schweden ausgewandert ist. Auf jeden Fall ist sie felsenfest davon überzeugt, dass Fridas Eltern sehr gern mit uns Weihnachten feiern, und verspricht, direkt bei ihnen anzurufen und Bescheid zu sagen.

»Oje, aber was machen wir denn bloß zum Essen?« Mama stöhnt auf einmal, als ich ihr von Oma Ingas Zusage erzähle. »Wir können unseren schwedischen Gästen ja wohl kaum Kartoffelsalat mit Würstchen vorsetzen.«

»Und warum nicht?«, frage ich zurück. »Oma Inga hat bestimmt nichts dagegen. Und Fridas Papa auch nicht. Vielleicht hat es sogar früher bei ihm immer Kartoffelsalat gegeben, wer weiß?«

»Ich dachte, wir würde ein bisschen schwedischer feiern«, meint Paula enttäuscht. »Ich meine ... ich würde gern mehr über ... äh ... die Kultur erfahren.«

»Die Kuss-Kultur?«, fragt Papa. Und nachdem Paula die Augen verdreht, schiebt er hinterher: »Sorry, Paula, das war blöd von mir. Und du hast natürlich vollkommen recht, wir sollten unbedingt auch etwas traditionell Schwedisches servieren.«

»Das brauchen wir nicht.« Ich winke ab. »Oma Inga hat gesagt, dass sie mit Frida schon am Nachmittag zu uns kommt und jede Menge *gute Sachen* mitbringt. Wir sollen uns also überhaupt nicht verrückt machen, meinte sie.«

Papa reibt sich vorfreudig den Bauch. »Also, wenn ihr Essen so gut ist wie die Plätzchen, die du mitgebracht hast, Leni, dann kann ich dieses Jahr gerne auf unser klassisches Heiligabendessen verzichten.«

»Nichts da, wir machen einfach alle das, was wir immer machen, und stellen alles zu einem großen Büfett zusammen«, beschließt Mama. »Dann kann sich jeder so bedienen, wie er mag.«

»Gute Idee«, findet Papa. »Aber jetzt schmücken wir erst mal den Baum!«

Zu Hause in Frankfurt machen wir das immer erst am

Morgen des 24. Aber Papa meint, dass wir ja nach Weihnachten gar nicht mehr so lange in Schweden bleiben. Deshalb könnten wir ruhig mal mit Familientraditionen brechen und den Baum schon am Tag vor Weihnachten fertig schmücken, um länger etwas davon zu haben.

»Ich bin dabei«, verkündet Paula mit ihrem Dauergrinsen. »Nur ... ähm, womit sollen wir unser krummes Bäumchen eigentlich schmücken?«

»Karl?« Mama sieht Papa an. »Wolltest du nicht unsere Lichterkette und den Christbaumschmuck von zu Hause mitnehmen?«

»Ich? Wieso ich? Du hast doch gesagt, dass *du* alles einpackst?!«

Mama zieht die Luft scharf zwischen den Zähnen ein. Bevor es noch zum Streit zwischen den beiden kommt, was für Weihnachten nicht ganz untypisch wäre, fangen Paula und ich zu lachen an. Das hat zum Glück eine ansteckende Wirkung auf die beiden – sie steigen mit ein.

»Gerade noch mal so die Weihnachtsstimmung gerettet«, raunt Paula mir zu.

Ich nicke. »Zumindest fürs Erste ...« Und dann fällt mir auch direkt was richtig Gutes ein. »Frida hat doch jede Menge Lametta überall verteilt. Mindestens die Hälfte davon können wir für unseren Baum nehmen«, schlage ich vor.

Paula nickt eifrig. »Und ich habe eine Rolle mit rotem Geschenkband. Eigentlich wollte ich das um eure Geschenke wickeln, aber wir könnten daraus auch kleine Schleifen fertigen und an den Baum hängen.«

»Sehr gut!«, findet Mama. »Und außen um den Baum herum stellen wir einige von den Windlichtern auf. Ich habe auch noch zwei Rollen Geschenkpapier. Wir können kleine Sterne und andere weihnachtliche Motive ausschneiden und an die Zweige hängen.«

Voller Tatendrang machen wir uns ans Werk. Mama versorgt uns mit Keksen und Kakao, und zwischendurch stimmt immer mal wieder einer von uns ein Weihnachtslied an. Die Zeit vergeht wie im Flug, denn wenn man sich immer wieder etwas einfallen lassen muss und es dazu auch noch selbst bastelt, dauert das natürlich eine Weile. Doch was soll ich sagen, es macht viel mehr Spaß, als einfach nur die fertigen Kugeln an die Zweige zu hängen. Und das Ergebnis ist so-so-so schön –

unser kleiner Baum leuchtet golden und rot und sieht auf einmal überhaupt kein bisschen mickrig mehr aus. Ich finde, er ist der prächtigste Baum, den wir jemals hatten.

Das restliche Lametta hängen wir in die Büsche auf der Terrasse unseres Ferienhauses, sodass es auch draußen weihnachtswunderschön ist. Versonnen betrachte ich gerade unsere schöne Weihnachtsdeko, als mir auf einmal siedend heiß einfällt: »Kackmist! Ich brauche ja noch ein Geschenk für Frida!«

»Stimmt.« Mama nickt. »Und für Oma Inga und Fridas Eltern sollten wir auch eine Kleinigkeit besorgen, finde ich.«

»Ich würde Levin gerne etwas schenken«, murmelt Paula und klingt dabei ein bisschen verlegen.

Mama wirft einen Blick auf ihre Armbanduhr. »Die Geschäfte haben schon geschlossen. Wir haben bei der ganzen Baumschmuck-Bastelei-und-Schmückerei komplett die Zeit vergessen.«

Papa ist genauso überrascht. »Unglaublich. Aber was soll's, ich fand es richtig schön. Und was die fehlenden Geschenke betrifft … wir müssen doch morgen früh sowieso zum Einkaufen nach Lillesund. Bestimmt finden sich dort noch ein paar Kleinigkeiten zum Verschenken.«

Am nächsten Morgen stehen wir richtig früh auf und machen uns gemeinsam auf den Weg nach Lillesund. Wie auch in Frankfurt schließen hier nämlich die Geschäfte gegen Mittag. Doch im Gegensatz zu Frankfurt ist in der kleinen schwedischen Stadt weitaus weniger los. Papa findet sofort einen Parkplatz, was er freudestrahlend als kleines Wunder bezeichnet.

»Bei uns zu Hause hat man immer den Eindruck, dass die Leute erst an Heiligabend feststellen, dass in ein paar Stunden Bescherung ist. Und dann fluten sie die Geschäfte.«

Hier in Lillesund ist es richtig gemütlich. Paula hat sich bei mir eingehakt, und gemeinsam schlendern wir die kleine, verschneite Einkaufsstraße entlang, während unsere Eltern Lebensmittel, Getränke und Pralinen für die Gäste kaufen. Papa und Mama haben uns Geld gegeben, damit ich etwas für Frida besorgen kann, Paula sucht nach etwas Schönem für Levin.

»Wir haben ausgemacht, dass wir uns noch vor der Bescherung mit der Familie treffen wollen«, gesteht sie mir mit funkelnden Augen, »um einen romantischen Spaziergang zu machen.«

Himmel, muss Liebe ... so kitschig sein!?

Überhaupt ist Paula ganz und gar auf dem Romantiktripp, denn sie deutet immer wieder nach links und rechts und seufzt dabei verzückt: »Sieht das nicht alles wahnsinnig schön aus? Levin hat gesagt, dass Licht in der Winterzeit hier total wichtig ist. Kerzen, Lichterketten und so was.«

Auch wenn ich mich für ihr Liebesgesäusel nicht begeistern kann, die vielen Lichter hier finde ich auch schön. In Lillesunds kleiner Einkaufsstraße ist jeder, wirklich jeder Baum komplett in Lichterketten eingehüllt, und auf dem

Marktplatz steht ein riesiger, herrlich geschmückter Weihnachtsbaum. So schön!

Viele Geschäfte haben Julböcke – diese Ziegenböcke aus Stroh, von denen ich Frida auch einen geschenkt habe – in ihren Auslagen dekoriert. Oder es hängen Sterne und Fähnchen mit *God Jul,* also *Frohe Weihnachten*, in den Schaufenstern.

Eine ganze Weile ziehe ich mit Paula von Geschäft zu Geschäft, bis ich plötzlich wie hypnotisiert vor einem Klamottenladen stehen bleibe.

»Guck dir diese Hose an!« Ich knuffe meine Schwester aufgeregt in die Schulter. »Die ist genau das Richtige für Frida!«

Paula verzieht das Gesicht und starrt mich mit großen Augen an. »Das ist die größte Scheußlichkeit, die ich je gesehen haben. Spinnst du, Leni?«

Aber ich schüttele nur den Kopf. »Das denkst du, weil es nicht dein Geschmack ist. Aber Frida wird sie lieben!«

Ein Glück, dass in dem Laden alles reduziert ist, denn so reicht mein Geld ziemlich genau für die grünen Leggings mit den aufgedruckten Hühnern, die ich gleich noch als Weihnachtsgeschenk verpackt bekomme. Großartig!

Dazu erklärt die Verkäuferin meiner Schwester auf Englisch, dass sie gestern noch eine zweite von der Sorte hatte und was wir für ein Glück haben, dass noch eine da ist.

»Ja, ein Wahnsinnsglück«, sagt Paula und verdreht die Augen.

Als wir wieder auf der Straße stehen, sieht sie mich immer noch an, als würde sie mich am liebsten gleich ins Irrenhaus verfrachten. Soll sie doch. Ich weiß, dass Frida sich freuen wird!

»Jetzt brauchen wir nur noch etwas für Levin. Und ich habe auch noch kein Geschenk für Mama und Papa«, stöhnt Paula.

Aber auch das kriegen wir locker hin. Für meine Eltern kauft Paula eine hübsche Schneekugel mit einem kleinen Schwedenhäuschen darin, für Levin entdecken wir ein Postkartenbuch.

»Schreiben ist natürlich total out. Und ... klar können wir auch übers Handy Kontakt halten«, erklärt Paula beinahe entschuldigend. »Aber die Karten sind so schön ... und Post aus Schweden ist eben doch noch mal was anderes. Ehrlich gesagt bin ich immer ein bisschen neidisch, wenn Fridas Briefe an dich bei uns eintrudeln.«

»Das mit dem Postkartenbuch ist ziemlich schlau von dir«, lobe ich meine Schwester. »So *muss* Levin dir nach Deutschland schreiben.«

Paula grinst verschwörerisch. »Ganz genau das ist mein Plan ...«

Als wir schließlich zurück ins Ferienhaus kommen, warten Oma Inga und Frida schon auf uns. Natürlich drinnen, nicht vor der Tür. Inzwischen legen wir den Schlüssel nämlich auch einfach unter die Fußmatte ...

»Die Idee mit dem Zusammenfeiern hätte auch von mir

stammen können«, begrüßt mich Frida. »Aber ich bin froh, dass du sie hattest. Und meine Eltern kommen später auch dazu! Das ist wirklich toll.«

Ich kann an ihrem Gesicht ablesen, wie glücklich sie darüber ist, und in diesem Moment bekomme ich so ein wunderbares Weihnachtsvorfreudegefühl, dass ich fast platzen könnte.

17

Im siebzehnten Kapitel wird ein wunderbares Weihnachtsfest gefeiert, und ein Geschenk gibt es gleich zweimal

Mamas Idee mit dem Büfett für alle war nicht nur ziemlich gut, sondern auch total schwedisch!

»Den Heiligabend verbringt eigentlich jede Familie mit dem Julbord«, erklärt uns Oma Inga nämlich. »Das ist ein Weihnachtsbüfett, das aus kalten und warmen Speisen besteht.«

Und dann packt sie so viele Leckereien aus, dass meinen Eltern und Paula das Wasser im Mund zusammenläuft und Oscar und ich Stielaugen bekommen. Aus Oma Ingas Kühltasche wandern geräucherter Lachs, eingelegter Hering, die leckeren Fleischklößchen, die ich auch zu Hause liebe, und ein riesiger Weihnachtsschinken auf den Tisch. Dazu jede Menge Brot, eingelegte Gurken und drei Flaschen selbst gemachte Limonade. Komischerweise kann sich Frida viel mehr für Mamas Kartoffelsalat begeistern.

»Darauf freue ich mich am meisten«, raunt sie mir zu.

Auf jeden Fall ist, nachdem Mama und Papa unser Essen dazustellen, so viel da, dass wir damit wahrscheinlich halb Lillesund sattbekommen würden.

»Macht es euch etwas aus, wenn wir erst später essen?«, fragt Frida in die Runde. »Dann sind meine Eltern auch dabei.«

Eigentlich haben wir uns alle schon weihnachtsfein gemacht, um dann gemütlich essen zu können. Ich sehe meiner Familie an, dass sie es kaum noch aushält, immerhin hatten wir kein Mittagessen. Aber Frida schiebt direkt noch einen Vorschlag hinterher: »Wir müssen eh noch um den Baum tanzen. Das machen wir immer so.«

»Um den Weihnachtsbaum?« Paula grinst. Wie eigentlich schon die ganze Zeit, seitdem sie von ihrem *romantischen* Spaziergang mit Levin zurück ist. Händchen haltend sind die beiden um den Pöl gelaufen, was ich durch Papas Fernglas beobachtet habe. Wirklich nur für einen winzig kurzen Moment, dann wurde es mir zu ... ähm ... kuschelig mit den beiden. Auf jeden Fall hat Levin ihr einen Taschenwärmer in Form eines roten Herzchens geschenkt, den sie seitdem nicht mehr aus der Hand legt. Und jetzt folgt wohl bald die Traumhochzeit, uaaargh!!

»Zu welcher Musik?«, fragt meine Schwester weiter.

»Eigentlich singen wir dazu schwedische Weihnachtslieder«, erklärt uns Oma Inga. »Aber die könnt ihr ja nicht, also singen vielleicht erst einmal Frida und ich, dann ihr? Wie wäre es damit? Was meint ihr?«

Paula grinst noch mehr. »Darf dann jeder mal weihnachtliche Musik machen? Also *seine* Musik?«

Papa und Mama ahnen wohl schon, dass Paulas Geschmack nicht so ganz mit Oma Ingas Geschmack übereinstimmt, aber bevor sie einschreiten können, meint Fridas Oma treuherzig: »Aber natürlich, Paula. Jeder darf sich etwas aussuchen zum Tanzen.«

»Dann fange ich an«, ruft Paula, zückt ihr Handy und schaltet es auf richtig laut.

Mit einem Schlag ist der Raum erfüllt von ihrem Lieblingsweihnachtslied: *All I want for Christmas is You* von *Mariah Carey*. Und auch wenn meine Eltern und Oma Inga erst ein bisschen blöd aus der Wäsche schauen, so finden sie das Lied dann doch ziemlich gut. Außerdem tanzen und johlen und singen Paula, Frida und ich schon längst wie die Bekloppten.

»Wuhuuuu«, jault Oscar und verfolgt uns, als wären wir Beute, die er sofort schnappen muss.

Draußen vor den großen Fenstern hat es zu schneien angefangen, die Windlichter im Garten leuchten um die Wette, und ich fühle mich so weihnachtsglücklich wie bestimmt noch nie zuvor in meinem Leben.

Als Oma Inga dann mit Frida einige schwedische Weihnachtslieder singt, reihen sich auch meine Eltern in unsere Tanzgruppe ein. Wir sind gerade dabei, *Kommet ihr Hirten* und *Fröhliche Weihnacht überall* zu singen, da klingelt es an der Tür. Fridas Eltern sind da, endlich!

»Heja, jetzt gibt es was zu essen«, freut sich Frida. Sie läuft ihren Eltern begeistert entgegen und zieht sie an den Händen mit sich ins Wohnzimmer. »Das ist meine Mama Malin und mein Papa Hans.«

Als Fridas Papa die verblüfften Gesichter meiner Eltern und von Paula sieht, muss er lachen.

»Ich weiß, ich weiß, es ist schon komisch, dass sich ausgerechnet so ein typisch deutscher Hans nach Schweden verirrt hat, nicht wahr?! Ich freue mich, dass wir uns jetzt endlich kennenlernen.«

»Vielen Dank für die Einladung«, fügt Fridas Mama mit einem ebenso herzlichen Lächeln hinzu und überreicht dann Mama eine große Flasche Sekt, die sie aus ihrer Tasche hervorzaubert. Natürlich spricht sie wegen Fridas Papa auch Deutsch, genau wie Frida. »Gut gekühlt. Sollen wir gleich mal auf Weihnachten anstoßen?«

Das machen wir. Die Erwachsenen mit Sekt, wir Kinder (zu ihrem Ärger auch Paula) mit Oma Ingas köstlicher Limonade.

Anschließend futtere ich so viele Fleischklößchen mit Kartoffelsalat, bis ich fast platze, und trotzdem machen Frida und ich noch Plätzchen-Wettessen. Einfach herrlich!

Und dann ist endlich Bescherung! Wir packen ziemlich lange aus, auch wenn es gar nicht so viele Geschenke gibt. Aber Oma Inga besteht darauf, dass jeweils nur einer auspackt, während die anderen dabei zusehen.

Ich bin ganz aufgeregt, als Frida mein Päckchen für sie mit zitternden Fingern aufknibbelt. Als sie die Leggins sieht, prustet sie so laut los, dass ich gar nicht weiß, ob sie ihr jetzt gefällt oder nicht.

»Das ist das beste Geschenk, Semmel, das du mir geben konntest.« Frida strahlt. »Hier, mein Zwilling.«

Sie reicht mir ihr Geschenk für mich, das ich mit ebenso zittrigen Fingern öffne, bis ich ... auf grüne Leggins mit aufgedruckten Hühnern starre. Und während Paula beinahe Schnappatmung beim Anblick der beiden schrill gemusterten Hosen bekommt, lachen Frida und ich uns kaputt, ziehen sie natürlich gleich an und stolzieren damit im Zimmer umher. Jetzt sind wir tatsächlich Zwillinge.

Wir lachen uns schlapp, fassen uns an den Händen und tanzen im Kreis herum. Irgendwann bekomme ich richtiges Seitenzwacken und muss stehen bleiben.

»Heja, lahme Schnecke«, lacht Frida mich aus. »Was ist los?«

»Ich kann nicht mehr«, keuche ich. »Und außerdem habe ich noch etwas vergessen.«

»Was denn?«, fragt Frida.

Ich drücke meine Freundin so fest an mich, wie ich nur kann. »Dir frohe Weihnachten zu wünschen, Frida.«

»God Jul, Leni«, flüstert Frida. »Das ist das schönste Weihnachtsfest aller Zeiten.«

18
Im letzten Kapitel bekommen wir noch einmal Besuch und sind am Ende wirklich so richtig baff

Am ersten Weihnachtstag sind wir bei Oma Inga zum Frühstück eingeladen. Nur Fridas Eltern sind leider nicht dabei, weil sie im Kinderheim das Weihnachtsfrühstück ausrichten, was Frida aber kein bisschen doof findet, hat sie gesagt.

Ich war eigentlich absolut sicher, dass ich nichts runterkriegen würde, nachdem ich mir den Bauch an Heiligabend so vollgefuttert habe. Doch als ich die herrlichen Köstlichkeiten auf dem wunderschön weihnachtlich hergerichteten Esstisch sehe, läuft mir schon wieder das Wasser im Mund zusammen, und ich verputze von allem eine riesige Portion. Uff!

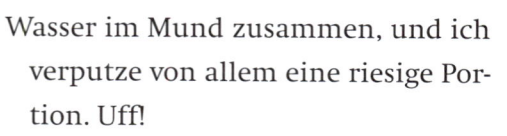

»Leeeecker«, schwärmt auch Paula und beißt in ihren vierten Lussekatter. Das ist so ein schwedisches Weihnachtsgebäck mit Safran, in das meine

Schwester sich anscheinend genauso doll schockverliebt hat wie in Levin.

Nach dem Frühstück hat Paula es dann aber ganz eilig. Angeblich ist sie noch total müde und möchte sich schnell wieder hinlegen.

»Grüß Levin recht schön von uns«, sagt Papa, woraufhin Paula knallrot anläuft und wir anderen alle lachen.

Frida und ich beschließen, zum Pöl zu gehen, um Schlittschuh zu laufen. Aber vorher müssen wir erst zu unserem Ferienhaus zurück, denn schließlich befinden sich meine Leihschlittschuhe wieder im Schuppen.

Die Erwachsenen bleiben noch in ihrer gemütlichen Frühstücksrunde sitzen, wollen aber später hinterherkommen. Mama überlegt sogar laut, ob sie sich auch mal wieder aufs Eis wagen sollte.

»Ich habe seit einer halben Ewigkeit nicht mehr auf Schlittschuhen gestanden«, erzählt sie. »Bestimmt falle ich sofort hin.«

»Das ist wie mit dem Radfahren, so was verlernt man nicht«, sagt Oma Inga und klopft Mama aufmunternd auf die Schulter.

Frida und ich stopfen uns noch die Taschen mit Oma Ingas köstlichen Weihnachtsplätzchen voll und machen uns dann gut gelaunt auf den Weg. Seite an Seite laufen wir durch die herrliche schwedische Winterlandschaft. Die Sonne scheint am blaugrauen Winterhimmel, um uns herum funkelt und glitzert es überall. Wow, so habe ich mir Weihnachten in

Schweden vorgestellt – ach was, in echt ist es noch Millionen Mal schöner.

»Sieh mal«, sagt Frida, als wir schließlich beim Ferienhaus angekommen sind und auf den Schuppen zusteuern. »Die Tür steht auf. Und wenn mich nicht alles täuscht, dann stammen die frischen Abdrücke im Schnee eindeutig von einem Elch. Archie ist zurück!«

Okay, das hat Frida neulich auch gemeint und damit unsere Schneeball-Wette verloren. Trotzdem halte ich Oscar am Halsband fest und lasse erst wieder los, als er friedlich an der Tür Platz macht.

Vorsichtig gehen Frida und ich ins Innere und tatsächlich: Da steht unser kleiner Elch! Er hat den Kopf in einen der Apfeleimer gesteckt, kaut und schmatzt und schlürft und wiegt seinen Oberkörper dabei lustig hin und her.

»Archie«, flüstert Frida gerührt. »Da bist du ja endlich wieder. Hast wohl nichts zu fressen gefunden da draußen und dich erinnert, dass es hier bei uns was Leckeres für dich gibt, stimmt's?«

Röaaar!

Archie brüllt ganz merkwürdig und sieht uns an wie ein Kind, das wir gerade beim heimlichen Naschen erwischt haben. Schuldbewusst blinzelt er mit den Augen, die auch heute irgendwie glasig aussehen. Oder vielleicht eher ... wie vernebelt.

»Schau dir doch mal an, wie der guckt«, fordere ich Frida auf. »Das ist doch nicht normal, oder?«

»Absolut nicht«, meint Frida. »Vielleicht hat er sich wieder überfressen?«

Rüüülps!

»Boah, wie das stinkt.« Angewidert rümpft Frida die Nase. Auch ich bemerke plötzlich einen seltsam süßlichen Geruch. Keine Ahnung, ob das wirklich von Archies Rülpsen kommt, aber es riecht ... urgs ... so ein bisschen wie der heiße Apfelwein auf dem Frankfurter Weihnachtsmarkt. Sehr seltsam.

In diesem Moment plumpst Archie wie ein gefällter Baum zur Seite, schließt die Augen und streckt alle viere von sich.

»Oh nein!«, rufe ich entsetzt. »Archie ist tot!«

Frida macht einen Satz nach vorn und stupst den Elch ganz vorsichtig mit dem Finger in den Bauch.

»Nee, er atmet noch. Und er grunzt. Auweia, ich glaube, er

ist krank. Also nicht einfach nur total vollgefressen, sondern wirklich ernsthaft krank. Vielleicht eine Vergiftung ...«

»Ich laufe zu Oma Inga und hole Hilfe«, erkläre ich sofort und renne aus dem Schuppen. Unterwegs fällt mir ein, dass ich im Gegensatz zu Frida ja ein Handy besitze. Also flitze ich zur Haustür, krame den Schlüssel unter der Matte hervor und stürme ins Haus. Immer drei Stufen auf einmal nehmend, sprinte ich die Treppe hinauf und in mein Zimmer. Keuchend greife ich nach meinem Handy und wähle Mamas Nummer.

Sie nimmt sofort ab und fragt: »Leni, ist was passiert?«

Das macht sie immer. Immer! Nur dieses Mal eben ausnahmsweise zu Recht.

»Ihr müsst sofort kommen, Mama, hörst du? Ganz schnell. Archie, er ... er ist einfach umgefallen.«

»Archie? Wer ist Archie? Und wo bist du überhaupt? Ist Frida nicht bei dir?«

»Archie ist ein Elch, und ... nein, Frida ist nicht bei mir, sondern im Schuppen bei Archie. Aber das ist doch jetzt auch alles total egal. Ihr müsst kommen. Vor allem Oma Inga. Die kennt sich doch mit Tieren aus. Sofort!«

Zum Glück stellt Mama keine weiteren Fragen, sondern verspricht nur, dass sie sich direkt auf den Weg machen.

»Okay, aber bitte beeilt euch«, sage ich noch, bevor ich das Gespräch beende und schnell in den Schuppen zurücklaufe.

Frida hat die Decken über Archie gelegt und sitzt neben ihm im Stroh. Behutsam krault sie ihn am Hals. Mein kleiner Oscar hat neben ihr Platz genommen und schaut mit großen Augen auf den kranken Elch. Kein Knurren, kein Kläffen ... anscheinend merkt er, wie schlecht es um Archie steht.

»Wie geht es ihm?«, frage ich atemlos.

Frida seufzt. »Nicht gut. Er stöhnt die ganze Zeit im Schlaf, und eben hat er sogar zweimal hintereinander gerülpst.« Sie verzieht das Gesicht, während sie sich mit der Hand vor der Nase herumwedelt. »Das hat total gestunken. So muffig. Ich glaube, er ist richtig, richtig kränkerlich.«

»Bestimmt ging es ihm schon die ganze Zeit nicht so gut«, murmele ich bedrückt. »Wir hätten Oma Inga von ihm erzählen müssen. Gleich beim ersten Mal, als wir ihn im Schuppen gefunden haben.«

Frida seufzt noch einmal, sagt aber nichts.

Vorsichtig setze ich mich neben sie und Oscar und blicke mitleidig auf unseren armen Archie.

Zum Glück dauert es nicht lange, da hören wir Motorgeräusche. Im nächsten Moment kommen Oma Inga, Mama und Papa in den Schuppen gestürmt.

Oma Inga wirft einen Blick auf den Elch, sieht sich dann im Schuppen um und will von uns wissen: »Wo kommen die ganzen Äpfel her?«

»Die standen hier schon«, meint Frida.

»Und der Elch hat davon gefressen?«

Wir nicken.

Nun geht Oma Inga neben dem Elch in die Hocke. Sie

beugt sich leicht über sein Maul und schnuppert, wie Oscar es immer tut, wenn er eine Fährte aufnimmt.

»Dachte ich es mir doch«, murmelt sie und klopft dann dem schlafenden Archie den Hals. Der klappt die Augen auf, hebt ganz leicht den Kopf und gibt einen richtig lauten Rülpser von sich.

»Boah, wie das stinkt«, keucht Frida.

Ich rücke ein bisschen von Archie ab und halte mir die Nase zu.

»Was ist mit ihm?«, fragt Mama besorgt. »Müssen wir nicht einen Tierarzt verständigen?«

Doch Oma Inga grinst breit.

»Einen Tierarzt brauchen wir nicht. Der junge Mann hier ist nicht krank, sondern einfach nur betrunken.«

»Betrunken?«, rufen wir alle wie aus einem Mund.

»Aber ... aber ... wir haben ihm doch immer nur Wasser zu trinken gegeben?«, stottert Frida.

»Was soll das heißen, ihr habt dem Elch *immer* Wasser gegeben?«, mischt sich jetzt Papa ein. »War der etwa schon öfter hier?«

Schuldbewusst ziehe ich den Kopf ein. »Ja ... Archie war schon mal für eine Nacht im Schuppen. Wir dachten, das wäre nur, weil es doch so viel geschneit hat und er draußen nichts zu fressen findet und ...«

»Und ihr habt uns kein Wort davon gesagt«, fällt Papa mir vorwurfsvoll ins Wort.

Ich nicke.

»Hätten wir aber, wenn er danach noch mal gekommen wäre. Ganz sicherlich«, behauptet Frida. »Und dass er betrunken ist, daran sind wir nicht schuld. In Ehrlichkeit! Wir haben ihm nichts gegeben.«

»Doch, ihr beiden heimlichen Elchfreundinnen«, sagt Oma Inga, »die vergorenen Äpfel. Und das erklärt auch seinen beschwipsten Zustand.«

»Der Elch ist von den Äpfeln beschwipst?«, staunt Mama. »Wirklich?«

Oma Inga nickt. »Der Verzehr von gärendem Obst, vor allem Äpfeln, wirkt sich bei Elchen ähnlich wie zu viel Alkohol bei Menschen aus. Manche sind absolut harmlos, legen sich irgendwohin und schlafen ihren Rausch aus, so wie dieser junge Mann hier. Doch es ist auch schon vorgekommen, dass die Tiere in solch einem Zustand randaliert haben.«

»Und was machen wir nun?«, fragt Papa.

Oma Inga zuckt mit den Schultern. »Wir lassen ihn einfach seinen Rausch ausschlafen. Aber die Äpfel würde ich unbedingt alle wegräumen. Am besten laden wir die Eimer in meinen Kofferraum. Ich kenne die Vermieter und bringe ihnen die Eimer gleich nach Weihnachten vorbei. Bestimmt haben sie einfach vergessen, dass die Äpfel noch im Schuppen stehen.«

»Verrückte Geschichte«, murmelt Papa und guckt von Archie zu Frida und mir. »Kümmern sich klammheimlich um einen beschwipsten Elch. Ich fasse es nicht.«

Mama schüttelt den Kopf. »Was da alles hätte passieren können. Unglaublich!«

»Aber glücklicherweise ist nichts passiert.« Oma Inga zwinkert uns verschwörerisch zu. »Und beim nächsten Mal wissen unsere beiden Tierexpertinnen es besser und sagen sofort Bescheid. Nicht wahr?«

Frida und ich beeilen uns zu nicken.

»Auf jeden Fall machen wir das!«, erkläre ich.

»Großes Wilde-Hilden-Ehrenwort«, bestätigt Frida und lacht.

Und hier gibt's noch eine kleine Anregung ...

Hast du vielleicht auch mal Lust,
etwas typisch Schwedisches zu backen?
Dann findest du hier das Rezept
für die leckeren Lussekatter.

Die Zubereitung ist wirklich kinderleicht!

DIESE ZUTATEN BRAUCHST DU DAFÜR:

150 ml Milch
1/2 Würfel (25 g) frische Hefe
1 Messerspitze gemahlener Safran
350 g + etwas Mehl
50 g Zucker, Salz
1 Ei + 1 Eigelb (Gr. M)
50 g weiche Butter
25 g Rosinen

Backpapier

SO GEHT ES:

Milch erwärmen, Hefe hineinbröckeln und darin auflösen. Safran einrühren. 350 g Mehl in eine Schüssel sieben und in die Mitte eine Mulde drücken. Hefemilch, Zucker und 1 Prise Salz in der Mulde verrühren. Ei und Butter in Flöckchen zum Mehl geben. Alles mit den Knethaken des Handrührgeräts zu einem geschmeidigen Teig verkneten. Zugedeckt ca. 1 Stunde gehen lassen.

Zwei Backbleche mit Backpapier auslegen. Teig mit bemehlten Händen gut durchkneten, zu einer Rolle (2–3 cm Ø) formen und in ca. 24 gleich große Scheiben schneiden. Zu fingerdicken, ca. 18 cm langen Strängen rollen.

Stränge je zu einem S formen, dabei die Enden etwas mehr eindrehen. Auf die Bleche legen und ca. 15 Minuten gehen lassen. Ofen vorheizen (E-Herd: 225°C/Umluft: 200°C/Gas: Stufe 4).

Eigelb und 1 EL Wasser verquirlen. Lussekatter damit einpinseln. An den Enden je 1 Rosine andrücken. Nacheinander im Ofen 9–11 Minuten backen.

Auskühlen lassen und dann natürlich schmecken lassen!

Smaklig måltid!

HINTER ALVA BENGT stecken zwei erfolgreiche Autorinnen, die nicht nur hin und wieder zusammen schreiben, sondern auch sonst viele Gemeinsamkeiten haben: eine große Familie, jede Menge Tiere, die Lieblingsgerichte Blaubeersuppe und Zimtschnecken. Wann immer es geht, sitzen die beiden mit den Füßen im Wasser an einem der zahlreichen schwedischen Seen. Gern ohne Krokodile.

LAURA ROSENDORFER lebt mit ihrem Mann, ihren beiden Töchtern und einem schwarzen Kater bei München in einem kleinen blauen Häuschen mit Garten. Am liebsten sitzt sie im Winter auf der warmen Fenterbank, mit dem Kater auf dem Schoß, und zeichnet. Und wenn es dann nach frischen Zimtschnecken aus den Ofen gibt, kann das Leben fast nicht mehr besser werden.

Alva Bengt
Frida und die Blaubeersuppe
€ 13,00, Hardcover
ISBN 978-3-7488-0030-9
Ab 8 Jahren
Mit farbigen Illustrationen von Laura Rosendorfer

Blaubeersommer in Schweden!

Das kann nur öde werden, denkt Leni. Doch schon am ersten Tag des Sommerurlaubs lernt sie Frida kennen, das verrückteste Mädchen aller Zeiten. Frida nennt ihre Hühner Wilde Hilden und bringt ihnen Kunststücke bei. Außerdem hat sie eine Oma, die lauter blaue Gerichte kocht, ein Boot namens Emil – und sie wird schon bald Lenis neue beste Freundin. Gemeinsam erleben die beiden die schönste Zeit überhaupt. Wenn nur Jonne, Benny und Tilla nicht wären, die alles Mögliche im Schilde führen, aber bestimmt nichts Gutes …

DRAGONFLY – So bunt wie das Leben!
www.dragonfly-verlag.de